파워블로거 핑크팬더의
블로그 글쓰기

누적조회수 1,200만, 누적 포스팅 8,300개, 블로거들의 워너비

파워블로거 핑크팬더의

블로그 글쓰기

이재범 지음

평단

지금은 영상의 시대라고 말한다. 유튜브를 비롯한
영상이 대세다. 유튜브와 관련된 책이 수없이
쏟아지고 있다. 유튜브를 통해 스타가 된 사람도
많아졌다. 평범한 사람이 단박에 인기를 끌 수 있는
유튜브에 도전하는 사람이 많다.

블로그만큼
만만한 글쓰기는 없다

　영상이 대세이고 수많은 스타를 배출한 유튜브라지만, 블로그를 좋아하는 사람도 여전히 많다. 유튜브와 블로그는 태생 자체가 다르다. 유튜브는 누가 뭐래도 엔터테인먼트가 기본적인 요소다. 사람들을 재미있게 해주지 않으면 유튜브를 유지하기가 쉽지 않다.

　블로그는 이와 달리 정보와 지식이 중요하다. 뭔가 거창해 보이지만 '나'라는 사람을 알리는 데 블로그처럼 편하고 쉬운 매체도 없다. 유튜브는 영상이기에 편집의 예술이다. 촬영도 중요하지만, 그보다는 편집을 통해 잘 전달되도록 해야 하고, 구독자들이 재미있게 볼 수 있어야 한다. 블로그는 그렇지 않다. 아주 간단하게 글만 쓰면 된다. 편집이라고 할 것도 없다. 기껏해야 사진으로 글을 보충하는 정도면 충분하다. 사람들이 영상만 좋아하는 게 아니다. 글을 좋아하는 사람도 아주 많다.

　글을 쓰는 건 분명 쉬운 일이 아니다. 그러나 쉽지 않다고 못 쓰는 것은 아니다. 누구나 글을 쓸 수 있다. 잘 쓰고 싶은 욕심에 글을 쓰는 게 두려울 뿐이다. 묻지도 따지지도 말고 쓰면 된다고 말하고 싶다. 그런데도 글 쓰는 게 두렵다면 이 책이 큰 도움이 될 것이다.

시중에는 글쓰기와 관련된 책이 많다. 좋은 글은 어떤 것인지, 글을 잘 쓰려면 어떻게 해야 하는지 많은 책이 알려준다. 그러나 블로그 글쓰기에 관해 알려주는 책은 찾아보기가 어렵다.

나 같은 일반인이 글을 쓰기에 가장 좋은 매체는 블로그다. 전문 작가나 소설가처럼 문학작품을 쓰는 게 아닌 나 같은 사람에게 블로그는 가장 최적화된 글쓰기 도구다.

유튜브가 인기 있다고 블로그가 사라진 건 아니다. 오히려 이전부터 더 많은 사람이 블로그를 하려고 노력한다. 최적화니 수익화 같은 말이 여전히 유행처럼 블로거들에게 다가온다. 그 모든 것의 출발에는 글쓰기가 있다. 글을 쓰지 않으면 블로그를 알릴 방법이 없다. 블로그뿐만 아니라 유튜브도 똑같이 글이 중요하다. 유튜브의 자막이 바로 글이다.

좋은 글을 쓰기 위해서 필요한 것이 무엇인지 아는 것은 중요하다. 그걸 몰라도 글 쓰는 데 문제될 것은 없지만 이왕이면 글을 쓸 때 인지하면 더 좋은 글을 쓰기 위해 노력하게 된다. 지금까지 내가 블로그에 글을 쓰면서 깨닫고 노력했던 모든 과정이 이 책에 전부 담겨 있다. 이 책에서 소개하고 설명했던 그대로 노력했기에 더 좋은 글을 쓸 수 있게 되었다. 나뿐만이 아니라 많은 사람들이 내가 쓴 책을 읽고 블로그를 시작했다고 알려준다. 블로그를 어떻게 해야 할지 막막했는데 덕분에 즐겁게 블로그를 하고 있다고 한다.

이 책은 2016년도에 초판 출간된 《블로그 글쓰기》의 개정판이다. 당시 《블로그 글쓰기》를 내기 전 내 저서가 3~4권이었는데, 나는 그 후 10권을 더 냈다. 이토록 많은 책을 펴낸 원동력이 바로 블로그였다. 블로그에 꾸준히 글을 올린 것이 내게는 가장 최고의 글쓰기 훈련이었다. 블로그는 내게 최고로 좋은 글쓰기 연습장이었다.

블로그 글은 그다지 많은 시간을 들이지 않아도 가능하다. 투자한 시간에 비해 가성비가 가장 최고인 글쓰기가 블로그 글이 아닐까 한다. 내 삶이 특별해서 글의 소재가 많았던 것도 아니다. 그저 내가 생각하고, 느끼고, 생활하고, 깨달은 모든 것을 블로그에 남김없이 썼을 뿐이다. 그러다가 어느덧 네이버에서 파워블로그라는 인증을 받게 되었고, 블로그에 쓴 글을 모아서 책도 냈으니 이보다 더 좋은 매체가 있을까?

많은 사람이 내게 글쓰기에 대해 자주 묻는다. 거기에 답하기 위해 이 책을 썼다. 글은 얼마든지 쓸 수 있지만 블로그라는 매체에 맞는 글은 분명히 있다. 이왕이면 내가 쓴 글이 검색도 잘 되고 사람들에게 잘 썼다는 칭찬도 받으면 좋지 않을까? 이를 위해 어떤 식으로 써야 하는지 이 책을 통해 알려주고 싶었다.

당신이 블로그라는 매체를 통해 글을 쓰고 싶다면 이 책을 읽어라. 이 책보다 블로그 글에 대해 더 확실히 알려주는 책은 현재까지 시중에 없다. 많은 사람이 내 책을 읽고 힘을 얻어 블로그를 시작했다고 고백한다.

블로그와 관련돼 이러쿵저러쿵해도 가장 핵심은 글이다. 블로그는 읽을 만한 글이 있어야 더욱 빛나는 곳이다. 블로그 글에서 글을 잘 쓰느냐는 중요하지 않다. 꾸준히 쓴다는 점이 중요하다.

다른 분야와 마찬가지로 글은 쓰면 쓸수록 좋아진다. 무작정 쓰기만 해도 되지만 더 좋은 글을 쓰려면 방법도 알아야 한다. 블로그를 운영하다가 뭔가 막히고 잘 안 풀릴 때 이 책이 당신에게 도움이 될 것이다. 지금부터 이 책을 부담 없이 즐겁게 읽으면서 블로그와 글쓰기에 대해 알면 된다.

어느덧 내 블로그 이웃은 5만 7,000명, 조회수는 1,200만 회, 지금까지 올린 글이 8,300개, 스크랩된 글은 약 2만 개가 되었다. 그 비결이 궁금하다면 이 책을 보기를 바란다. 책에 소개된 무수한 사례와 방법이 당신을 좋은 블로거로 인도할 것이다. 즐겁고 신나는 블로거의 그 첫 번째 선택이 이 책이 될 것이라 믿는다.

내가 알려줄 수 있는 모든 비법을 이 책에 다 담았다. 내가 했던 것처럼 당신도 이 책을 읽으면 영향력 있는 블로거에 한 발 더 가까이 갈 수 있다. 즐거운 독서로 신나는 블로거가 되기를 응원한다.

2021년 1월

핑크팬더   이재범

TABLE OF CONTENTS

차례

chapter 1

첫 번째 글쓰기

chapter 2

두 번째 글쓰기

chapter 5
다섯 번째 글쓰기

chapter 6
여섯 번째 글쓰기

chapter 1

첫 번째 글쓰기

우선 시작하라

아무 부담 없이 글을 쓰자!
누군가 내 글을 볼 것이라고 생각하지도 말고, 내 글이 좋은 글인지
아닌지 고민하지도 말고 쓰면 된다. 모든 위대한 성공의 여정에는
시작이 있었다. 글쓰기의 두려움은 쓰면서 저절로 해결된다.

언니가 사십 대 중반에 세상을 떠난 뒤 3년 동안 슬픔을 잊으려고 노력했지만 아무 소용이 없었던 니나 상코비치. 그녀는 어느 날 400쪽이 넘는 소설 《드라큘라》를 하루 만에 다 읽고 처음으로 편안하게 달콤한 잠을 잤다. 그 뒤로 니나 상코비치는 하루에 책 한 권을 읽고 블로그에 올리기 시작했다. 1년 동안 '1일 1독서 1서평'을 했다. 자신이 읽은 책의 평을 그저 블로그에 올렸을 뿐인데 전 세계에서 댓글을 달며 응원하고 공감했다.

블로그에 올린 서평이 사람들에게 알려지고 〈뉴욕 타임스〉에 'The 365 Project'로 소개되면서 니나 상코비치는 일약 유명인이 되었다. 세 아이의 엄마이자 변호사였던 그녀는 블로그에 매일 올린 서평을 계기로 이 프로젝트를 끝낸 뒤 본격적인 서평가로 전국적인 인지도를 가지고 활동하기로 마음먹는다. 자신의 지금을 있게 만든 블로그 서평은 니나 상코비치에게 빛과도 같이 인생을 구원해주었을 뿐만 아니라 새로운 삶을 열어주었다. 블로그에 글을 쓰기 시작했기에 가능한 변화였다.

누구나 처음에는 블로그에 글 올리는 것을 어렵게 생각하고 두려워한다. '어디 나도 한번 블로그에 글을 올려볼까?' 하고 마음먹지만 무엇을 쓸 것인지 막막하다. 괜히 부담감이 엄습한다.

글도 못 쓰는 내가 블로그에 글을 올린다니 망설여진다. 블로그에 올린 내 글을 남이 읽는다고 생각하니 글 쓰는 게 두렵다.

당신이 머리를 파마하고 핑크색으로 염색한 뒤 명동 거리를 돌아다닌다고 해서 신기하다는 눈으로 바라볼 사람이 있을까? 어느 누구도 당신 모습에 관심을 두지 않는다. 만약 어떤 사람과 당신의 눈이 마주쳤다고 해도 그 사람은 당신 모습에 놀라 바라본 것이 아니다. 우연히 서로 눈빛이 교환되었을 뿐 그 이상의 의미는 없다.

당신이 블로그에 쓴 글도 똑같다. 이제 막 블로그를 시작한 당신이 올린 글은 누구도 신경 쓰지 않는다. 불행하게도 이제 막 블로그에 포스팅posting한 당신의 글은 사람들의 관심 밖 일이다. 당신이 블로그에 글을 올린 것 자체를 아무도 모른다. 아는 사람은 오직 당신뿐이다. 며칠이 지나도 글의 조회 수가 10명을 넘지 않을 수 있다. 그 사람들마저도 당신의 글에 호기심을 느껴 블로그를 찾은 것이 아니다. 자신의 블로그에 남긴 당신의 댓글을 보고 예의상 방문한 것이다.

이런 상황에서 부담을 갖고 글을 쓸 필요가 있을까? 절대로 없다. 허무하게도 당신이 올린 글을 처음에는 누구도 읽지 않는다. 지금은 파워블로그가 되어 하루 방문자가 5,000명이 넘는 내 경우도 처음은 미약했다. 블로그에 글을 올리며 누군가 내가 쓴 글을 읽을 것이라고 생각조차 하지 못했다. 처음 시작했을 때는 블로그를 예쁘게 꾸미는 법도 몰랐고, 누군가 내 블로그를 방문할 수 있다는 것도 전혀 의식하지 않았다. 처음 블로그에 글을 올릴 때의 방문자는 숫자를 세어보기도 민망할 정도로 한두 명에 불과했을 것이다.

다행히도 나는 블로그에 처음 글을 올릴 때 어느 누구도 의식하지 않았다. 누가 내 블로그의 글을 읽을 것이라 생각하지 않았으니 뻔뻔하게 쓰고 싶은 것을 썼다. 내 경우도 니나 상코비치와 비슷하다. 본격적으로 1년에 100권이 넘는 책을 읽던 어느 날, 갑자기 서평을 쓰고 싶은 생각이 들었다. 그 전에는 책을 읽으며 중요하게 여겨지는 문단을 체크한 뒤에 워드 파일로 따로 정리했다. 그렇게 따로 정리한 글이 꽤 많이 축적되었지만 다시는 읽어보지 않는다는 사실을 알았다.

서평을 워드 문서에만 써두면 이번에도 똑같이 다시는 읽어보지 않을 것이라고 판단해 블로그에 썼다. 철저하게 나를 위한 글쓰기였다. 누구에게 보여주기 위해 블로그에 서평을 썼다면 아마 절대로 시작하지 못했을 것이다.

블로그에 서평을 쓴 지 벌써 몇 년이 지난 2013년에 나는 네이버가 공인하는 파워블로거가 되었고, 다양한 분야에서 서평으로 영향력 있는 사람이 되었다. 그 시작은 블로그에 올린 서평, 즉 책 내용에 관한 내 생각을 담은 글이었다.

사실 글을 잘 쓴다 못 쓴다 하는 평가 자체가 주관적이다. 모든 사람에게 칭찬받는 글은 없다. 모든 사람에게 칭찬받는 글은 독재 국가에서 독재자가 써놓고 칭송받을 때나 가능하다.

글에 대한 평가를 두고 당신은 이런저런 고민에 사로잡힐 수 있다. '어떤 형식으로 써야 좋은 글일까?' '내용을 어떻게 구성해야 하나?' '쉽게 잘 읽혀야 할까?' 이른바 좋은 글이라 평가받는 방법은 많겠지만, 그보다 훨씬 더 중요한 전제는 바로 '일단 쓰는 것'이다.

시작도 하지 않고 고민할 필요는 없다. 서울대 진학을 걱정하는 친구의 성적이 반에서 꼴찌라면 우리는 웃는다. 공부도 하지 않으면서 서울대에 합격하면 어쩌나, 걱정한다면 우리는 듣자마자 상대방을 측은하게 여긴다. 마찬가지다. 글은 일단 써야 좋은 글인지 나쁜 글인지 알 수 있다. 글을 쓰지도 않으면서 걱정할 필요는 전혀 없다. 더구나 이제 막 글을 쓰기 시작한 당신의 글이 훌륭할 것이라 여기는 것 자체가 스스로 생각해도 말이 안 되지 않을까?

아무 부담 없이 글을 쓰자! 누군가 내 글을 볼 것이라고 생각하지도 말고, 내 글이 좋은 글인지 아닌지 고민하지도 말고 쓰면 된다. 모든 위대한 성공의 여정에는 시작이 있었다. "시작은 미약하였으나 나중은 창대하리라."는 말은 시작의 중요성을 알려준다. 글쓰기의 두려움은 쓰면서 저절로 해결된다. 쓰지 않는다면 평생 글쓰기의 두려움에서 벗어나지 못하고 후회한다. 시도도 해보지 않고, 노력도 해보지 않고 두려움을 가지는 것은 우스운 일이다. 하지 않은 것에 왜 두려움을 가지는가?

나 역시 이 책을 쓸 때 어떻게 시작해야 할지 고민이 많았다. 집필하려고 마음먹었지만 두세 달이 넘도록 차례도 구성하지 못했다. 겨우 차례 구성을 끝내고 난 뒤에 막상 쓰려고 하니 너무 막막해 쓸 엄두가 나지 않았다. PC 앞에 앉아 자판을 두들겨야 하는데 몇 주 동안 그러지 못했다. 하지만 이 글을 읽는 당신이 확인했듯이 결국 쓰기 시작했다. 일단 시작하면 어떻게든 글은 나온다.

블로그에 글을 쓰는 것보다 부담 없이 쉽게 할 수 있는 것도 없다. 창업을 하려면 아이템과 자본이 있어야 가능하다. 투자를 하려면 개별 투자에 대한 공부가 필요하다. 좋은 직장에 취업하려면 스펙을 쌓고 자신만의 변별성을 어필해야 한다. 이에 반해 글쓰기는 아무런 준비도 자본도 필요하지 않다. 필요한 것은 블로그에 글을 쓸 수 있는 도구면 충분하다. 이보다 쉽게 시작할 수 있는 것이 세상에 또 있을까? 절대 없다. 블로그 글쓰기는 시작만 하면 된다.

니나 상코비치가 블로그에 서평을 하루에 한 편씩 올리기 시작했을 때 지금과 같이 자신의 상처가 치유되고 새로운 인생을 살게 될 것이라 예상이나 했을까? 분명 그런 거창한 생각은 하지도 않았을 것이다. 나도 서평을 블로그에 처음 올렸을 때 지금과 같이 새로운 인생이 펼쳐질 것이라고는 꿈도 꾸지 못했다. 니나 상코비치뿐만 아니라 블로그에 글을 올린 모든 사람이 거창하고 원대한 계획을 갖고 시작한 것이 아니다.

아리스토텔레스의 명언 "시작이 반이다."를 기억하자. 블로그 글쓰기는 바로 아무 글이나 쓰는 것에서 시작된다. 못 쓴다고 주눅 들거나 내용이 어설프다고 자괴감을 가질 필요가 전혀 없다. 처음 시작하는 당신의 글은 그 수준이 맞다.

설마 당신 스스로를 톨스토이나 하루키라고 생각하고 있는가? 그게 아니라면 편하게 마음먹고 써라. 블로그 글쓰기를 시작한 당신에게 남을 것은 발전이다. 더 이상 바닥도 없는 상태에서 쓰는 글이다. 더 떨어질 곳이 없는데 무엇이 두려운가? 당장 써라!

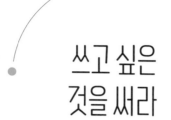

쓰고 싶은 것을 써라

블로그를 시작하며 올리는 글은 다양하다.

정보를 전달하기 위해,

지식을 정리하기 위해,

제품을 홍보하기 위해,

일상을 기록하기 위해,

그리고 다른 여러 가지 이유로 글을 올릴 수도 있다.

'수익형 블로그'라는 말이 있다. 블로그가 수익이 된다는 의미다. 블로그에 글을 올려 돈을 번다. 어딘지 모르게 돈을 편하게 버는 느낌이다. 수익형 블로그는 마케팅 업체로부터 의뢰를 받고 포스팅, 즉 글을 게시한다. 사람들은 상품에 대한 정보가 없는 상태에서 다른 사람의 평가나 체험담을 읽고 그 상품에 관심을 갖거나 상품 전시장에 간다. 인터넷으로 정보를 검색하는 사람들은 대개 검색 상위권에 있는 블로그 글을 읽게 마련이다. 마케팅 업체들은 이런 점을 알고 일반 블로거들에게 관련 포스팅을 의뢰한다. 제목과 내용에 특정 단어가 들어가는 방법으로 블로그 글을 상위권에 노출시키도록 한다.

포스팅 하나당 3~5만 원 정도의 금액을 받는다. 일주일에 2~3개만 포스팅해도 한 달에 50~100만 원 정도를 벌 수 있다. 이런 방법으로 수익형 블로그를 운영한다. 처음부터 수익형 블로그를 만들 수는 없다. 블로그에 아무 글도 없는데 의뢰가 들어올 턱이 없다. 우선 블로그에 올린 글의 개수가 꽤 많아야 하고, 내가 포스팅한 글이 인터넷에서 검색되어야만 마케팅 업체에서 의뢰한다.

내가 직접 체험하지 않은 사실을 체험한 것처럼 글을 쓰고 올린다면 문제될 수 있지만, 마케팅 업체에서 보내준 기본 뼈대를 근거로 마케팅 글을 써 올리면 문제될 것 없다. 내가 직접 체험한 사실을 쓰는 것이 아니라 제품이나 업체를 소개하는 것이다. 이것이 꺼림칙한 사람은 굳이 할 필요가 없다. 어차피 이런 글의 의뢰가 들어올 정도로 블로그에 글이 많은 사람은 자신의 브랜드로 블로그를 운영하는 것과 수익형 블로그로 돈을 버는 것 중 하나를 택하게 될 텐데, 그것은 각자가 알아서 결정할 일이다.

이런 단계가 될 때까지 처음부터 명확하게 어떤 글을 쓸 것인지 염두에 두고 블로그를 시작한 사람은 없다. 블로그로 돈을 번다고 하니 '그럼 나도 한번 블로그 해서 돈 좀 벌어볼까?' 하는 생각에 시작한 사람도 있고, 블로그가 여러모로 좋다고 개설한 상태에서 더 이상 진전이 없는 사람도 있다. 나처럼 읽은 책의 서평을 쓰려고 시작한 사람도 있다.

파워블로거 핑크팬더의 블로그 글쓰기

블로그의 기본은 글이다. 블로그에 사진이나 동영상을 올릴 수도 있다. 그럼에도 블로그의 기본은 글이다. 사진과 동영상 등은 핵심적인 내용을 설명하거나 강조하기 위해 이용할 뿐이다. 편집이 잘된 동영상과 뛰어난 사진만으로 자신의 생각을 정확하게 전달하는 사람은 없다. 글을 써야만 자신의 이야기가 전달된다.

블로그는 인터넷을 뜻하는 '웹web'과 항해일지나 항공일지를 뜻하는 '로그log'의 합성어로, 자신의 관심사에 따라 칼럼, 서평, 일기, 기사 등을 올리는 웹 사이트를 말한다. 최초의 블로그는 1997년 미국에서 선보인 '스크립팅 뉴스Scripting News'였다. 우리나라에서는 2002년 11월에 처음으로 상업 블로그 사이트 'blog.co.kr'이 개설되었고, 2003년에 네이버, 다음 등이 블로그 서비스를 시작했다. 지금 블로그는 개인의 출판과 방송, 커뮤니티까지 이루어지는 1인 미디어의 역할을 하고 있다. 미디어라고 하니 거창한 느낌이 들지만 어려워할 것 없다.

케이블 TV 같은 방송 미디어를 보면 뉴스와 드라마뿐만 아니라 〈무한도전〉을 비롯한 예능 프로그램도 방영되고 장기, 바둑 프로그램도 방영된다. 우리는 TV를 통해 뉴스, 드라마뿐만 아니라 연예인의 신변 잡담이나 잡기도 시청한다. 재미있기 때문에 기꺼이 보는 것이다.

마찬가지로 블로그에는 자신이 하고 싶은 이야기를 하면 된다. 블로그를 일기로 활용해도 되고 블로그에 자신의 사업을 광고해도 된다. 내가 블로그에 쓰는 글도 얼마든지 누군가에게는 정보가 되고 재미있는 미디어의 역할을 할 수 있다.

글은 누가 억지로 시켜 쓰는 것이 아니라 본인이 쓰고 싶어서 쓸 때 자연스럽고 읽기에 편하다. 쓰기 싫어 억지로 풀어낼 때 글은 빡빡해지고 삐거덕거린다. 누군가 당신에게 돈을 주며 의뢰한 것도 아닌데 왜 쓰고 싶은 글을 쓰지 못하는 것일까? 사람들에게 인기를 끌고 조회 수 상위권에 노출될 목적으로 쓰면 그럴 수 있다. 그러면 부담되고 짜증만 날 뿐이다. 쓰고 싶은 글을 써야 신이 나서 쓸 수 있다.

블로그를 오래 하고 이웃이 늘어나고 조회 수가 올라가고 상위 노출도 되면 점차적으로 여러 마케팅 업체에서 글을 올려달라는 의뢰가 들어온다. 포스팅 하나에 몇만 원을 주고 상위 노출이 되면 추가로 돈을 입금해준다는 메일과 쪽지가 날아온다. 본인이 마음만 먹으면 얼마든지 수익형 블로그를 운영하게 된다. 이런 것은 자신이 쓰고 싶은 글쓰기가 아니라 돈을 벌기 위한 글쓰기다.

직장에서 싫은 일도 억지로 하는 것은 월급을 받기 때문이다. 이에 반해 블로그에 올리는 글은 돈을 받는 것이 아니다. 그러니 아무 글이나 쓰면 어떤가? 달랑 사진 하나 올리고 "오늘 여의도 한강 둔치에서 즐겁게 놀다 옴."이라고 써도 된다. 즐겁게 여의도에서 놀았던 경험을 블로그에 남기는 것이다. 누군가 그것을 보고 "나도 오늘 여의도에 있었는데, 반가워요~!" 하는 댓글을 남길 수도 있다.

글은 자신이 가장 잘 아는 것을 쓸 때 재미있고 쉽게 쓸 수 있다. 내가 근무하는 회사에서 벌어진 일을 나보다 잘 쓸 수 있는 사람은 없다. 내가 어제 본 드라마의 느낌은 나만의 것이다. 회사 근처에 오픈한 식당 정보를 누구보다 내가 먼저 블로그에 올린다는 사실만으로도 조바심이 나서 글을 서두른다. 이런 글쓰기는 누가 시켜서 하는 것이 아니다. 자신이 쓰고 싶은 글을 쓰는 것일 뿐이다.

마케팅 업체로부터 의뢰를 받아 글을 올리고 수익을 얻는 수익형 블로그도 좋다. 하지만 그보다는 스스로 블로그에 좋은 글을 많이 올려 자신의 가치를 올리는 것이 좋다. 그러면 무형의 수익이 자신에게 돌아온다. 나라는 사람을 알리는 데 이보다 더 좋은 것은 없다.

블로그에 자신이 쓰고 싶은 내용을 꾸준히 올리다 보면 그 분야의 전문가로 대접도 받게 된다. 글이 쌓이고 쌓이면 책도 낼 수 있고, 관련 업체 사람들이나 다른 사람들을 만나 새로운 인생을 시작할 수도 있다. 자신이 쓰고 싶은 글을 쓰기만 하면 이 모든 것이 시작된다.

친구와 대화
하듯이 써라

고흐는 테오가 아닌 다른 누군가가 읽어볼 것이라 생각하지 않고
자신이 하고 싶은 이야기를 편지에 썼다.
고흐가 쓴 편지는 누구를 의식하지 않고 편안하게 동생에게 쓴 글이고,
그래서 더욱 생동감 있고 꾸밈이 없는 글이 되었다.

고등학교 때로 기억하는데, 한창 기타에 빠져 가요책을 구입해 열심히 코드를 누르며 노래를 부르던 어느 날이었다. 우연히 책 맨 뒤에 "펜팔해요!"라는 페이지가 있는 것을 발견했다. 출판사에서 펜팔하고 싶은 사람들의 이름과 주소를 받아 책에 실은 것이었다. 많은 사람들이 이것을 보고 마음에 드는 상대를 골라 편지를 보냈다. 나도 호기심이 발동해 출판사에 내 이름과 주소를 보냈다. 그러자 생

각지도 않게 꽤 많은 사람들에게서 편지가 왔다.

확실하지는 않지만, 아마도 내 주소가 서울이라 전국에서 여학생들이 보낸 듯했다. 정성스럽게 한 글자 한 글자 꾹꾹 눌러 쓴 편지와 함께 종이학을 동봉해 보내오기도 했고, 그 당시의 유행을 따라 껌 종이로 직접 만든 책갈피를 보내오기도 했다. 편지 내용은 자신이 지금 어디서 무엇을 하고 지내는지 소개한 뒤 서울 생활은 어떤지 묻는 경우가 대부분이었다.

생판 모르는 타인에게서 받는 편지였지만 재미있었다. 상대는 얼굴도 성격도 모르는 나에게 하고 싶은 이야기를 편지로 써서 보냈다. 글을 잘 쓰고 못 쓰는 것은 중요하지 않았다. 얼마나 자신이 하고 싶은 말을 잘 전달하느냐가 핵심이었다.

그중에는 처음으로 편지를 써서 보낸다는 사람이 많았다. 내 주소가 서울인 것이 그들의 관심을 끈 듯했다. 나는 몇몇 편지에 답장을 보냈지만, 꽤 많은 사람에게서 편지를 받다 보니 나중에는 그냥 읽기만 하고 답장하지 않았다.

블로그에 글을 쓸 때도 이처럼 하면 되지 않을까? 불특정 다수에게 쓴다고 생각하지 말고 펜팔이라 생각하고 써보는 것이다. 블로그에 쓴 글은 불특정 다수에게 노출되지만 대체적으로 블로그 이웃들이 본다. 그들을 친구라 생각하고 쓰면 어떨까? 친구에게는 실수하면 어쩌나 하는 생각도 하지 않고 편안한 마음으로 입에서 나오는 대로 말한다.

무슨 말인지 알아듣지 못해도 괜찮다고 위로해주고, 고주망태가 되도록 술을 마셔 횡설수설해도 말없이 받아주고, 애인과 헤어져 한탄해도 빙그레 미소 지으며 들어주는 친구. 내 앞에 친구가 있을 때는 어떤 이야기든 긴장하지 않고 떠들 수 있다. 친구와 이야기할 때는 시간 가는 줄도 모른다. 블로그에 쓰는 글도 이렇게 하면 되지 않을까?

어떤 말을 해야 할지, 무슨 말을 해야 할지 고민하며 친구에게 이야기하는 사람은 없다. 기쁨, 슬픔, 외로움, 즐거움 같은 것들을 혼자 떠들어도 좋다는 식으로 친구에게 털어놓지 않는가? 친구의 응답이나 현명한 해결책을 기대해서 그런 것이 아니다. 이야기하는 것만으로도 스스로 카타르시스를 느끼기에 그렇다. 블로그에 올리는 글은 친구에게 미주알고주알 털어놓듯이 쓰면 된다.

빈센트 반 고흐는 살아생전 동생 테오에게 많이 의지했다. 테오는 고흐가 그린 그림을 사람들에게 알리는가 하면 고흐에게 생활비를 대주기도 했다. 비록 고흐는 자살로 생을 마감했지만 그의 그림과 편지는 책으로 출간되어 후세 사람들이 보고 읽을 수 있다. 고흐는 테오가 아닌 다른 누군가가 읽어볼 것이라 생각하지 않고 자신이 하고 싶은 이야기를 편지에 썼다. 고흐가 쓴 편지는 누구를 의식하지 않고 편안하게 동생에게 쓴 글이고, 그래서 더욱 생동감 있고 꾸밈이 없는 글이 되었다. 다음은 반 고흐가 쓴 편지 중 일부다.

이번에 네가 다녀간 것이 얼마나 기쁜 일이었는지 말해주고 싶어서 급히 편지를 쓴다. 꽤 오랫동안 만나지도, 예전처럼 편지를 띄우

30

지도 못했지. 죽은 듯 무심하게 지내는 것보다 이렇게 가깝게 지내는 게 얼마나 좋으냐? 정말 죽게 될 때까지는 말이다.

산책을 자주 하고 자연을 사랑했으면 좋겠다. 그것이 예술을 진정으로 이해할 수 있는 길이다. 화가는 자연을 이해하고 사랑하여, 평범한 사람들이 자연을 더 잘 볼 수 있도록 가르쳐주는 사람이다.

이 사랑이 시작될 때부터, 내 존재를 주저 없이 내던지지 않는다면 아무런 승산도 없다는 걸 알고 있었다. 사실 그렇게 나를 던진다 해도 승산은 아주 희박하지. 주어진 기회가 많거나 적은 것은 내 능력 밖의 일이 아니겠니?

내가 가장 불안하게 생각하는 점은, 글을 쓰려면 공부를 더 해야 한다는 네 믿음이다. 제발 그러지 말아라, 내 소중한 동생아. 차라리 춤을 배우든지, 장교나 서기 혹은 누구든 네 가까이 있는 사람과 사랑을 하렴. 한 번도 좋고 여러 번도 좋다. 네덜란드에서 공부를 하느니 차라리, 그래 바보짓을 몇 번이든 하렴. 공부는 사람을 둔하게 만들 뿐이다. 공부하겠다는 말은 듣고 싶지도 않다.

고흐는 자신의 내면에 있던 모든 생각과 감정을 찌꺼기 없이 글로 풀어 편지를 썼다. 동생인 테오뿐만 아니라 여동생과 화가 고갱에게도 편지를 써서 자신의 생각을 알렸다. 고흐가 자살로 생을 마감한 걸 보면, 내면의 엄청난 고뇌를 그림이라는 예술로 승화시켰지만 다

풀리지 않은 자잘한 부분은 편지를 써서 풀어내지 않았을까 싶다.

고흐는 말년에 정신 병원에 입원해 그림만 그렸다. 이때 그에게는 소소한 이야기를 하지 못하는 어려움도 있었을 것이다. 분명 고흐는 동생에게 체면을 차리고 문법에 신경 쓰며 편지를 쓰지는 않았을 것이다. 이런 말이 상대방에게 상처가 되는 것은 아닐까 하는 생각조차 없이 썼을 것이다. 자신이 하고 싶은 이야기를 했다.

우리는 친구와 술을 마시며 속에 있는 이야기를 한다. 나도 모르게 말이 술술 나온다. '내가 이렇게 달변가였나?' 자문하며 깜짝 놀랄 정도로 말을 잘한다. 논리적으로 이치에 맞는 말은 아닐지 몰라도 친구는 전부 알아듣고 맞장구를 쳐준다.

블로그에 글을 쓸 때는 가장 친한 친구를 떠올리며 그 친구에게 이야기를 한다고 생각하자. 어떤 사실을 친구가 잘 알아들을 수 있게 말하는 것처럼 쓰면 된다. 친구가 내 이야기를 건성으로 듣고 있으면 금방 눈치챌 수 있지만, 글은 곧바로 피드백을 받기 힘들다. 그러니 처음부터 쉽게 쓰면 된다. 내가 하는 말이 어렵더라도 친구는 끝까지 들어줄 것이라 믿으며 쓰면 된다.

가끔은 내 글을 친구가 읽지 않았으면 할 때도 있다. 내 감정을 친구에게 알리는 것이 어색하다. 하지만 글을 쓰면 자신의 내면을 더 많이 알게 되고 알리게 된다. 친구가 놀릴까 봐 두려워하지 말고 친구가 넓은 가슴으로 다 받아줄 것이라 믿고 써라. 그러면 실제로 친구가 내 글을 읽고 나서 나를 더 잘 알게 되어 기뻤다고 이야기해줄 것이다. 아니면 블로그 이웃들의 댓글이 그럴 수 있다.

오글거리는 글을 쓰고 싶다면 애인에게 이야기하듯이 하면 된다. 권태기에 빠진 애인 사이가 아니라면 더없이 사랑스러운 글이 나올 수 있다. 글을 읽는 사람도 흐뭇한 미소를 머금고 읽게 될 것이다.

헤어진 친구를 생각하며 쓰는 글은 또 다른 느낌이고, 친구를 그리워하며 쓰는 글도 다르다. 몇 년 만에 만나는 친구를 생각하며 쓰는 글은 또 다른 뉘앙스를 풍길 수 있다. 친구를 떠올리며 쓰는 글은 그 친구의 성격에 따라서도 다를 것이다.

그런 친구들에게 말한다고 생각하고 글을 쓰면 훨씬 편하게 쓸 수 있지 않을까?

자신의 경험
부터 써라

글을 쓸 때 자꾸 내 이야기가 아닌 남의 이야기를 한다면 글 쓰는 게 재미도 없고 억지로 짜내게 된다. 이 책의 반 이상은 내가 한 경험으로 채워져 있다. 이 세상에 딱 한 명뿐인 내가 경험한 이야기여서 읽는 사람도 집중이 훨씬 잘되면서 재미있게 읽을 수 있을 것이다. 글을 쓰는 나는 억지로 짜내지 않고 실제로 경험한 것을 떠올리기만 하면 되었다.

어떤 모임에서든 좌중을 휘어잡는 이야기꾼이 있다. 무슨 이야기를 하든 사실인지 거짓인지 분간이 안 될 정도로 맛깔스럽게 하는 사람이다. 지금 하는 이야기가 자신 이야기인지 남 이야기인지 구분이 안 될 정도다 보니 듣는 사람들은 빵빵 터진다.

비록 그런 이야기꾼에 비견할 바는 못 되지만 사람들의 집중을 받는 방법이 있다. 바로 내 경험을 이야기하는 것이다. 사람들은 그 누구도 겪어보지 못한 내가 경험한 이야기에 관심을 가진다.

TV 예능 프로그램에서 출연자들이 재미있는 에피소드를 이야기할 때면 꼭 자신이 경험한 일이라고 하면서 서두를 시작한다. 나중에 자신의 경험이 아닌 타인의 경험으로 밝혀져도 자신이 실제로 경험한 것처럼 '썰'을 풀어내니 듣는 사람 입장에서는 몰입해서 들을 수밖에 없게 된다. 듣는 사람 입장에서도 "내 친구가 한 이야기인데……"로 시작하는 것과 "내가 겪은 일인데……"로 시작하는 것은 엄청난 차이가 있다.

현재 대한민국 최고의 예능인이자 MC 자리에 있는 유재석이 오래도록 무명 아닌 무명의 시절을 보냈다. 그는 대학 개그제에서 장려상을 받은 뒤 이런저런 프로그램에 출연했지만, 카메라 울렁증이 있던 터에 개그맨 자질이 의심될 정도로 개그마저 썰렁했다. 그는 심하게 자책했고 이대로 연예계를 떠나야 하나 고민도 했다.

그런 그에게 빛과 같은 프로그램이 등장했는데, 그것은 바로 〈서세원 쇼〉의 '토크박스' 코너였다. 몇 명의 출연자가 자신의 경험담을 풀면 그중에 가장 재미있게 한 출연자가 우승하는 프로그램이었다. '토크박스'에서 유재석은 자신의 경험담을 맛깔스럽게 이야기했다. 이때부터 유재석은 두각을 나타내기 시작했다. 그 뒤로는 다들 알다시피 대한민국 최고가 되었다.

미국 사람들이 가장 두려워하는 것 중 하나가 대중 앞에 나서서 연설하는 것이다. 청중 앞에 나서서 말하는 것은 결코 쉬운 일이 아니다. 그러나 자신의 이야기라면 떨리더라도 끝까지 말할 수 있다. 머리가 텅 비어 아무 생각도 나지 않는 상태가 된다고 해도 할 말은 있기 마련이다.

매일경제TV M-money 채널의 〈부자가 되는 20분〉이라는 프로그램에서 출연 요청을 받은 적이 있다. 20분 동안 투자에 대한 이야기를 나 혼자 떠들어야 했다. 카메라를 응시하며 투자와 관계된 이야기를 하는 것이라 생각하고 자리에 앉았다.

처음에는 방송 특성상 내가 떠들고 싶은 대로 떠들면 나중에 그쪽에서 20분짜리 동영상으로 편집할 것이라 생각했다. 그러나 그게 아니었다. 정확하게 20분 길이에 맞춰 이야기해야 했다. 그것도 처음에는 투자와 관련된 이야기를 하면 된다고 생각했는데 부동산 위주로 이야기하라는 주문을 받았다.

순간적으로 정신이 아득했다. 알았다고 대답한 뒤 의자에 앉아 카메라를 응시하며 이야기를 시작했지만 시간이 지날수록 점점 머릿속은 백지상태가 되었다.

카메라를 응시하며 열심히 이야기하는 내 모습은 카메라 옆 TV 화면을 통해서도 볼 수 있었지만 정작 무슨 말을 하고 있는지 몰랐다. 더구나, 방송에 나갈 내용은 사전 검토가 이루어진 뒤 작가와 함께 구성할 것이라 생각했는데(평소 TV를 너무 많이 봤나 보다) 전화 통화에서 담당 PD는 준비할 것 없이 방송국에 와서 하고 싶은 이야기를 하면 된다고 했다. 그래도 준비는 해야 할 것 같아 방송에서 이야기할 내용을 A4 용지에 반 장쯤 작성하다가 바쁜 일이 있어서 포기하고 곧장 방송국 카메라 앞에 서게 된 것이었다.

아무런 준비도 없었고 예상과는 다른 내용으로 이야기가 흘렀다. 스튜디오 안에는 카메라 기사와 조감독만 덩그러니 있었다. 내 이야기에 누구도 반응을 보이지 않았다. 카메라 기사는 나를 찍기 바쁘고, 조감독은 자기 할 일로 바쁘고, 그 밖의 제작진은 스튜디오 밖에서 녹화 작업을 하느라 바빴다. 시간이 가면 갈수록 허공에 대고 이야기하는 느낌이 점점 강하게 들면서 '나는 누구인가? 여기는 어디인가?' 하는 잡념마저 들 정도였다.

내가 무슨 이야기를 하는지도 모르는데 갑자기 조감독이 칠판을 들더니 5분 남았다는 신호를 보냈다. 마무리를 해야 했다. 진짜로 20분만 녹화하고 끝낼 줄은 몰랐다. 어떻게 마무리했는지도 모르게 녹화는 끝났다. 다 끝내고 나서 다시 찍기는 했다. "고맙습니다!" 하고 인사할 때 너무 고개를 빨리 숙였다며 천천히 숙여달라는 요청에, 그 장면만 다시 찍었다.

모든 녹화를 끝내고 집으로 돌아오면서 자괴감이 이루 말할 수 없었다. 그런데 완성된 녹화 화면을 보니 그래도 할 말은 다 했다. 그 이유가 바로 내 경험을 이야기했기 때문이다. 남의 이야기가 아닌 내가 직접 경험한 이야기를 했기에 머릿속이 하얗게 되어 아무 생각 나지 않아도 망치지 않을 수 있었다. 준비도 필요 없었고 꾸며서 이야기할 필요도 없었다. 그 누구의 이야기도 아닌 내 경험이어서 할 수 있었다.

블로그 글쓰기도 이와 마찬가지다. 블로그에 어떤 이야기를 써야 할지 고민할 시간에 자신이 경험한 것을 떠올려보라. 당신이 인생을 살았던 시간만큼 쓸 이야기는 넘쳐난다. 오늘 회사에 출근하면서 아슬아슬하게 지각하지 않았던 내 경험, 업무를 훌륭히 끝낸 소감, 퇴근 후 회식 자리에서 나눈 대화, 주말에 관람한 영화 이야기, 식구들과 함께 방문한 음식점 인상 등등. 내가 하루에 겪은 경험은 생각했던 것보다 훨씬 다양하고 다채롭고 풍부하다.

내가 지금까지 꾸준하게 블로그를 할 수 있었던 원동력은 서평을 쓰는 것이었다. 책을 읽고 나만의 감상과 깨달은 바를 가감 없이 솔직하게 서평이라는 형식으로 블로그에 올리니 어떤 글을 써야 할지 고민할 필요도 없었다. 책을 쓴 저자의 이야기가 아니라 책을 읽고 난 내 경험을 썼기에 많은 사람이 좋아해주었다. 어느 누구도 아닌 나만의 서평이었기에 블로그가 더욱 사랑받을 수 있었다.

억지로 쥐어짜 글을 쓸 필요가 없다. 누구나 미처 알지 못했던 수많은 경험을 한다. 그 경험을 사장시키느냐, 잘 살려 글로 써내느냐의 차이가 있을 뿐이다. 글을 쓰는 것은 거창한 일이 아니다. 자신에게서 시작하는 것이 글쓰기의 첫걸음이다. 누구도 흉내 낼 수 없는 글을 쓰고 싶다면 나로부터 출발하자. 내 경험을 남에게 설명할 사람은 이 세상에 딱 한 명뿐, 다른 누구도 아닌 나 자신이다!

오늘 먹은 음식에 대해 나 이외에 누가 똑같은 감정을 가지거나 맛을 평가할 수 있을까? 오늘 본 드라마의 감상은 오로지 나만이 할 수 있다. 다른 사람의 평가가 나와 비슷할 수 있어도 나와 똑같을 수는 없다.

〈세바시〉라는 프로그램이 있다. '세상을 바꾸는 시간 15분'의 약자로, 저명인사부터 우리 주변의 친근한 사람까지 골고루 나와, 길지 않은 15분 동안 자신이 전달할 내용을 진솔하게 이야기하는 강연 프로그램이다. 강연 무대에 서니 대단해 보일지 몰라도 출연자들은 다들 평범한 사람들이다. 그런데도 출연자들의 경험담에, 관객들은 다들 귀를 쫑긋 세우고 경청한다.

왜 그럴까? 바로 다른 누구에게도 들을 수 없는 강연자만이 들려 줄 수 있는 내용이기에 그렇다. 많은 사람 앞에서 말하려니 떨리는 모습이 눈에 보이지만, 진정성 있는 고백에 시간이 어떻게 가는 줄 모르고 빠져들게 된다.

글을 쓸 때 자꾸 내 이야기가 아닌 남의 이야기를 한다면 글 쓰는 게 재미도 없고 억지로 짜내게 된다. 이미 당신이 눈치챘는지 모르지만, 이 책의 반 이상은 내가 한 경험으로 채워져 있다. 그만큼 글을 부담 없이 썼다. 이 세상에 딱 한 명뿐인 내가 경험한 이야기여서 읽는 사람도 집중이 훨씬 잘되면서 재미있게 읽을 수 있을 것이다. 글을 쓰는 나는 억지로 짜내지 않고 실제로 경험한 것을 떠올리기만 하면 되었다. 누구나 나처럼 쉽게 글을 쓸 수 있다.

아주 소소한 경험이어도 글로 풀어내는 것이 중요하다. "이 글을 쓰는 도중에 갑자기 알고 지내는 사람에게서 동네 어느 건물에 있는 구내식당에서 점심을 먹자는 연락이 왔다. 갈까 말까 고민했지만 결국에는 가기로 결정하고 옷을 갈아입고 구내식당에 다녀왔다."와 같이 방금 경험한 것도 풀어내면 글이 길어지게 된다. 내 경험을 쓰니 이처럼 쓸 수 있는 것이다.

당신도 할 수 있다. 그것도 엄청나게 많은 글을 쓸 수 있다. 당신의 경험은 누구도 아닌 당신만이 쓸 수 있다.

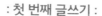

시간을 투자하라

> 존 그리샴은 결코 글쓰기 신을 기다리지 않는다.
> 단 하루도 빼놓지 않고 시간을 투자해 글을 쓴다.
> 분명히 아무것도 떠오르지 않아 고생할 때도 있겠지만
> 그래도 무조건 자리에 앉아 글을 쓰기 시작한다.

"글을 잘 쓰고 싶다." "논리적으로 쓰고 싶다." "맛깔스럽게 쓰고 싶다." "기승전결이 확실하게 떨어지는 글을 쓰고 싶다."

블로그 하는 사람들은 이구동성으로 글을 잘 쓰는 것이 소원이라고 한다. 누군들 그렇지 않겠는가! 블로그에서는 얼굴이 못생기고 말이 어눌해도 글만 잘 쓰면 인정받는다. 외부 사람과는 글로만 접촉하게 하고 자신을 직접 드러내 보이지 않으면 신비감이 더해져 인

기가 더욱 많아질 수도 있다. 글 쓰는 것만으로도 돈을 번다. 우아! 정말 부럽다. 편하게 앉아 글만 써도 돈을 벌 수 있다니 말이다.

사람들은 글 잘 쓰는 능력이 타고나는 것이라 믿는다. 자신처럼 못 쓰는 사람은 노력해도 안 될 것이라고 지레짐작한다. 타고난 사람만이 글로 먹고살 수 있다고 여긴다. 나는 글쓰기와 무관한 삶을 살았다. 심지어 문과도 아닌 이공계 출신이다. 나 같은 사람에게 글쓰기는 더더욱 남의 일이라 생각한다. 잘 쓴 글을 읽고 감탄할지언정 내가 글을 쓰는 것은 언감생심이다.

신기하게도 성공한 자는 어느 날 갑자기 하늘에서 뚝 떨어졌다고 믿는 사람이 많다. 태어날 때부터 재능을 지녀 별 어려움 없이 부와 명예를 비롯한 모든 것을 얻었다고 여긴다. 세상에 그런 사람은 단 한 명도 없는데도 나와는 전혀 다른 존재로 본다. 예체능 분야에서 이런 현상이 더욱 두드러진다. 뛰어난 사람은 타고난 재능으로 어릴 때부터 천재라는 소리를 듣고 자란 외계인이라 여긴다.

성공한 사람들이 공통적으로 하는 말이 있다. "하루를 연습하지 않으면 내가 알고, 이틀을 연습하지 않으면 아내가 알고, 사흘을 연습하지 않으면 관객이 안다."

이 말은 20세기 클래식 음악계의 마에스트로 지휘자 레너드 번스타인이 처음으로 했다. 1년 공연 스케줄이 예약되어 있는 바이올리니스트 장영주, 1965년 역사상 가장 위대한 골프 선수로 선정되어 PGA 메이저 우승 9회를 포함해 총 63회 우승에 빛나는 벤 호건도 비슷한 말을 했다. 이외에도 비슷한 표현을 한 성공한 사람을 열거하

파워블로거 핑크팬더의 블로그 글쓰기

자면 끝이 없다.

하루아침에 성공한 사람은 아무도 없다. 글을 쓰는 것도 똑같다. 아주 단순하면서도 확실한 진리가 여기에 있다. 나는 글을 잘 쓰고 싶은 사람에게 자신 있게 이야기할 수 있다. 글을 잘 쓰고 싶으면 단 하나만 실천하면 된다. 그 비법은 글을 쓰는 데 '시간을 투자하는 것'이다.

무척 허무하고 시시하게 느껴질지도 모른다. 하지만 이런 말을 들어본 적이 있을 것이다. "Simple is the Best." 단순한 것이 진리다. 성공의 비결은 단순하다. 꾸준히 노력하는 자를 이길 수 있는 사람은 없다.

글을 잘 쓰는 사람을 보면 부럽다. 어떻게 저런 생각을 글로 풀어내는지 궁금하다. 저런 표현은 어디서 발견했는지 훔치고 싶다. 좋은 글이 되려면, 자신이 하고 싶은 이야기를 상대방에게 제대로 전달하는 것이 가장 중요하다. 바로 그런 글을 귀신같이 써내는 사람은 정말 귀신이 아닌가 싶을 정도다. 타고나지 않으면 절대로 불가능한 것처럼 느껴져 좌절감에 무릎을 꿇을 수도 있다.

글을 쓰려고 하는 당신의 목표는 '글쟁이'가 되어 먹고사는 것인가? 결코 그렇지 않을 것이다. 수많은 베스트셀러를 낸 작가도 처음이 있었고 한 줄의 글도 제대로 쓰지 못한 시기가 있었다. 사람에 따라 재능의 차이는 분명히 있다. 그러나 아무리 노력해도 전업 작가처럼 글을 쓸 수 없는 사람도 어느 정도는 글로써 자신의 생각을 타인에게 전달할 수 있다. 그러기 위해서는 글을 써야 한다. 꾸준히 시간을 들여 써야 한다.

《의뢰인》《그래서 그들은 바다로 갔다》《타임 투 킬》《레인 메이커》 등 세계적인 베스트셀러로 수많은 독자의 사랑을 받았을 뿐만 아니라, 다수의 작품이 영화로도 제작되었을 정도인 소설가 존 그리샴의 일상은 다음과 같다.

매일 아침 5시에 자명종이 울리면 침대에서 일어나 샤워를 한다. 그 뒤 5분 거리에 있는 사무실로 가서 커피 한 잔을 책상 위에 올려놓고 글을 쓰기 시작한다. 이 일을 하루도 빠뜨리지 않고 반복한다.

자신의 책이 전 세계적으로 6,000만 부 이상 팔린 존 그리샴은 결코 글쓰기 신을 기다리지 않는다. 단 하루도 빼놓지 않고 시간을 투자해 글을 쓴다. 분명히 아무것도 떠오르지 않아 고생할 때도 있겠지만 그래도 무조건 자리에 앉아 글을 쓰기 시작한다.

부족하지만 나도 이와 똑같다. 블로그에 글을 쓴 지는 몇 년이 되었다. 처음에는 책을 읽고 서평을 쓰기 위해 시작했다. 그러다가 블로그에 서평 이외의 글을 쓰기 시작했다. 오랜 시간 글을 썼다. 천천히 꾸준히 거의 매일 썼고, 지금도 블로그에 글을 뻔뻔히 쓰고 있다. 지금까지 내가 얼마나 글을 썼을까?

글의 내용이 좋고 나쁘고를 떠나 2020년까지 약 8,300편의 글을 블로그에 올렸다. 1년을 365일로 잡으면 2009년부터 본격적으로 썼으니 하루에 두 편은 블로그에 올린 셈이다. 처음과 달리 지금은 일요일에도 글을 올리고 있다. 최근 몇년 동안은 단 하루도 빼놓지 않고 글을 썼다. 책, 영화, 드라마 리뷰 등은 물론이고, 지금은 에세이도 쓴다.

내가 기막힌 표현력과 문장력으로 글을 잘 쓴다고 하는 이야기가 아니다. 내 글을 읽고 감동했다는 사람이 있어 하는 이야기는 더더욱 아니다.

내가 이 이야기를 하는 것은 많은 시간을 투자해 글을 썼다는 사실을 알려주기 위해서다. 쑥스럽지만 나에게 글을 잘 쓴다고 칭찬해주는 사람도 있다. "저는 그렇게 글을 잘 쓰지 못해요." "글을 잘 쓰셔서 참 부러워요." "글을 참 논리 정연하게 쓰세요." 이런 칭찬은 나와 전혀 어울리지 않지만, 그래도 오랜 시간 거의 매일같이 글을 쓴 결과물에 대한 칭찬이라 여기고 감사히 받는다.

내가 처음 쓴 글을 보면 몇 줄 쓰지도 못하고 논리 정연하지도 않게 겨우겨우 썼다. 그러던 글이 시간을 투자해 썼더니 조금씩 매끄럽고 자연스러워졌다. 글쓰기 스승님이 있어서 따로 사사한 것도 아니고 코치를 받은 적도 없다. 글쓰기와 관련된 책을 읽고 참고한 적도 없다. 오로지 단 하나, 매일같이 꾸준히 글을 썼을 뿐이다. 시간을 들여서. 내 글을 읽고 사람들이 칭찬하건 비난하건 개의치 않고 썼다. 오로지 시간을 투자해 쓴 것 말고는 별다른 비법도 노력도 없었다.

글은 머리로 쓰는 것이 아니라 엉덩이로 쓴다고 한다. 머리에서 나온 내용을 글로 옮기기 위해서는 의자에 앉아 있어야 한다는 뜻이다. 한마디로 시간을 투자하라는 것이다. 글을 쓰다가 막히면 포기하는 것이 아니라 끝까지 앉아 쓴다. 글이 완성될 때까지 쓴다. 글이 완성되지 않으면 절대로 일어나지 않는다. 여건이 허락되지 않는 경우에는 쓰던 글을 저장하고 다시 앉아 끝낸다. 그게 전부다. 어렵지 않다. 시간을 투자해 쓰면 된다. 글이 완성될 때까지 앉아 글을 쓰면 결국에는 글이 나온다.

글을 잘 쓰고 싶은 사람은 시간을 투자하라. 글을 어떻게 써야 할지 모르는 사람은 의자에 엉덩이를 깔고 시간을 투자해 글을 써라. 쓸 것이 없는 사람도 일단 글을 완성할 때까지 주야장천 끙끙거리며 시간을 투자하라. 그러다 보면 어느 순간 글이 써지고 완성되는 경험을 한다. 시간에 투자하는 것만큼 확실하고도 분명하게 글 쓰는 방법도 없다.

지금 이 순간에도 나는 내 블로그의 모토인 '천천히 꾸준히'로 서평을 비롯한 각종 글을 시종일관 쓰고 있다. 직접 내 블로그인 '천천히 꾸준히(blog.naver.com/ljb1202)'에서 확인해보라. 쉬지 않고 계속 글을 써서 블로그에 포스팅하는 것을 목격할 것이다.

글쓰기는 쉽다. 다만 글쓰기에 능숙해졌을 때 비로소 글쓰기가 어려워질 뿐이다.

게리 윌스(Garry Wills, 미국 문화역사가)

소설이든, 회고록이든, 에세이든, 단편이든, 평론이든, 내가 지금껏 쓴 모든 글은 전부 다 절망과 다른 자질, 즉, 작가로서 글을 계속 쓰고 싶다면 반드시 갖고 있어야 하는 자질 사이의 한판 레슬링으로 시작되었다.

대니 샤피로(Dani Shapiro, 미국 소설가)

이것은 너무 중요해서 아무리 강조해도 지나치지 않다. 4시에 글을 쓰기로 결심했으면 4시에 글을 써야 한다! 어떠한 핑계도 통하지 않는다.

도러시아 브랜디(Dorothea Brande, 미국 소설가)

작가에겐 다음 세 가지가 꼭 필요하다. 유의어 사전과 기본적인 문법책, 현실에 대한 이해.

마거릿 애트우드(Margaret Eleanor Atwood, 캐나다 소설가)

자신의 기억과 경험의 문을 열고 들어가 자기 자신에 대한 이해를 얻는 것이 글쓰기다.

마이클 래비거(Michael Rabiger, 영국 다큐멘터리 연출자)

글을 쓰기 전에는 항상 내 앞에 마주 앉은 누군가에게 이야기해주는 것이라고 상상하라. 그리고 그 사람이 지루해서 자리를 뜨지 않도록 하라.

제임스 패터슨(James B. Patterson, 미국 소설가)

초고를 쓰는 것은 손으로 더듬어가며 컴컴한 방에 들어가는 것, 또는 어렴풋한 대화를 엿듣는 것, 또는 어떤 농담을 하다 그 결정타를 잊어버리는 것과 같다.

테드 솔로타로프(Ted Solotaroff, 미국 문학비평가)

연설문을 직접 쓰지 못하면 리더가 될 수 없습니다.

노무현(전 대통령)

지속적인 창작의 노력보다 앞서는 것은 없어요. 시 한 편을 직접 써보는 것만큼 좋은 공부도 없죠. 좋은 시든 그렇지 못한 시든 중요한 것은 썼다는 사실이에요. 시간을 투자하고 집중하고 감성이 무뎌지지 않도록 훈련해야 합니다. 여기저기 떠도는 헛소리에 귀 기울이지 말고 꾸준히 연마해야 해요.

안도현(시인, 《명사들의 문장강화》 중에서)

작가는 스파이 같은 사람이에요. 주위 사람을 잘 관찰하면 좋은 아이디어가 나와요.

수지 모건스턴(Susie Morgenstern, 프랑스 아동문학가)

글쓰기는 칭찬이나 인정, 상을 받고 싶은 욕망의 표현이 아니다. 삶이 주는 선물에 대한 감사의 표현이다.

스탠리 구니츠(Stanley Kunitz, 미국 시인)

나는 글을 쓰기 전에, 내 영혼이 혼자 도약하려고 준비하고 있을 때 늘 심장과 횡격막 사이의 공간에서 두려움을 느꼈다.

앤드레 듀버스(Andre Dubus, 미국 소설가)

글을 쓰고 싶다면, 정말로 뭔가를 창조하고 싶다면, 넘어질 위험을 감수해야 한다.

앨레그라 굿맨(Allegra Goodman, 미국 소설가)

사람들이 작가의 장애물에 봉착하는 이유는 글을 쓸 수 없어서가 아니다. 유려하게 쓸 수 없다는 사실에 절망하기 때문이다.

애너 퀸들런(Anna Quindlen, 미국 소설가)

파워블로거 핑크팬더의 블로그 글쓰기

글을 쓰는 것은 두렵지만 숭고한 직업이다. 치유의 효과를 가지고 있지만 한편으로는 치명적이다. 나는 세상을 다 준다고 해도 내 인생을 맞바꾸지 않을 것이다.

레이놀즈 프라이스(Reynolds Price, 미국 소설가)

위대한 글(기발한 글도 뛰어난 글도 아닌, 그리고 가장 오해의 소지가 많은 아름다운 글도 아닌, 위대한 글)은 세상에 도움이 되는 글이다.

로저 로젠블랫(Roger Rosenblatt, 미국 저술가·대학교수)

작가는 어느 집안에서든 생길 수 있다. 왜 그런지는 아무도 모른다.

리타 메이 브라운(Rita Mae Brown, 미국 소설가)

당신이 할 수 있거나 할 수 있다고 꿈꾸는 그 모든 일을 시작하라. 새로운 일을 시작하는 용기 속에 당신의 천재성과 능력, 그리고 기적이 모두 숨어 있다.

요한 볼프강 폰 괴테(Johann Wolfgang von Goethe, 독일 문학가)

아마추어들은 퇴고의 중요성을 몰라요. 어마어마하게 퇴고해야 해요. 대부분의 사람들은 유명한 작가들이 일필휘지로 썼을 거라고 생각하는데 그렇지 않아요.

장석주(시인·저술가, 《명사들의 문장강화》 중에서)

좋은 글쓰기의 최고 비결은 좋은 독자가 되는 것이다. 좋은 글을 읽었을 때 자꾸만 다시 읽어보고 싶고, 다 외웠으면서도 또다시 보고 싶은 그런 설레는 마음, 그 뜨거운 문장들에 남은 작가들의 입김이 나를 글 쓰는 사람으로 만든 원동력이다. 그리고 일단 컴퓨터 앞에 앉아서 뭐든 써보는 것도 중요하지만, 기계 앞에 앉기 전에 우선 얼마나 많은 고민과 구상의 시간을 견딜 수 있느냐가 진정한 글쓰기의 재능인 것 같다. 글을 쓸 때는 인터넷, 휴대전화, 텔레비전도 모두 꺼버리고 오직 '나'와 '글'만이 남는다. 그런 집중력이 글쓰기의 진정한 희열이다.

정여울(문학비평가, 《그림자 여행》 중에서)

원래 '읽기'와 '쓰기'는 따로 분리돼 있는 것이 아니라 순환적인 연쇄를 이뤄 나선형으로 전개되는 것이다. 대표적인 예가 블로그다. 블로그는 순차적으로 올려지는 텍스트에다 댓글이나 트랙백을 올림으로써 진행되며 텍스트들도 서로 링크를 걸어 돌아간다. 전문가들은 읽기와 쓰기의 순환적 관계가 블로그라는 하나의 계기에 의해 재발견됐을 뿐이라고 말한다.

한기호(출판평론가, 《20대, 컨셉력에 목숨 걸어라》 중에서)

- 기준을 낮추고 계속 써라.
- 당신이 오늘 잘 썼는지 못 썼는지는 중요하지 않다. 작품의 평가는 그 것을 완성한 뒤에 이루어진다.

윌리엄 스태포드(William Stafford, 미국 시인)

파워블로거 핑크팬더의 블로그 글쓰기

당신에게는 사실 책상조차 필요하지 않다. 당신의 책상은 지하철에도, 욕실의 변기에도 있을 수 있다. 생각에 몰두할 수만 있다면 책상은 어디에나 있다.

조슈아 페리스(Joshua Ferris, 미국 소설가)

내가 그 어떤 것보다도 확신을 갖고 자신 있게 말할 수 있는 것은, 매일 방 안에 들어가 작업을 하면 글이 점점 나아진다는 사실이다. 3일이 지나고도 여전히 그 방에 들어간다면 당신은 하루하루가 끔찍하다고 생각할 것이다. 하지만 넷째 날에도 그 방에 들어간다면, 시내로 새거나 마당에 나가지 않는다면, 대개는 무언가가 나타날 것이다.

존 디디온(Joan Didion, 미국 소설가)

- 첫 문장을 쓰는 일은 내게 늘 두려운 일이다. 공포와 마법, 기도문, 난처한 창피함이 한꺼번에 엄습한다는 것은 놀라운 일이다.
- 첫 줄을 쓰는 것은 어마어마한 공포이자 마술이며, 기도인 동시에 수줍음이다.

존 스타인벡(John Ernst Steinbeck, 미국 소설가)

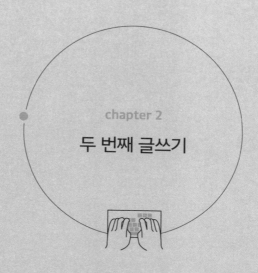

chapter 2

두 번째 글쓰기

글 쓰는 목적을 분명하게 하라

우리는 종종 도대체 무슨 이야기를 하는지 모를 글을 읽게 된다. 미주알고주알 너무 많은 것을 이야기하다가 목적과는 상관없이 장황하게 늘어진다. 목적을 분명하게 인식하고 쓰지 않으면 글이 다른 곳으로 가고 있다는 것을 깨닫지 못한다.

남극점 정복에 나선 두 명의 탐험가가 있었다. 로알 아문센과 로버트 스콧이었다. 이 둘은 각자 팀을 이끌고 인류 최초로 남극점을 정복하기 위해 출발했다. 많은 사람이 남극점을 최초로 정복한 아문센의 이름은 기억해도 몇십 일 차이로 남극점을 두 번째로 정복한 스콧은 기억하지 못한다. 안타깝게도 스콧은 남극점을 34일 늦게 정복하고 돌아오는 길에 도착 지점을 16킬로미터 남겨놓고 사망했다.

이런 결과는 명확한 목적을 가지고 달성하려는 노력의 차이에서 나왔다. 아문센은 남극점을 정복하기 위해 3,200킬로미터나 되는 거리를 자전거를 타면서 체력을 키웠고, 털가죽으로 만든 옷을 입고 에스키모와 함께 생활하며 추위 속에서 살아가는 법과 개썰매 끄는 법을 배웠다. 남극점 가는 길에 설치한 식량저장소를 돌아오면서 쉽게 찾을 수 있도록 눈에 잘 띄는 검은색 깃발을 저장소 좌우로 10개씩 길게 한 줄로 꽂아두었다. 식량이 부족하면 썰매를 끄는 개까지 잡아먹으며 남극점 정복이라는 목적에 모든 의식과 행동을 집중했다.

　이에 반해 스콧은 영국제 모직 방한복을 고집하고 몽골산 조랑말이 끄는 썰매로 남극점을 탐험하려 했다. 뿐만 아니라 식량저장소를 여러 깃발이 아닌 단 하나의 깃발로 표시하고 찾으려 했다. 물론 그 근처에 식량저장소를 더 쉽게 찾을 수 있는 어떠한 표시도 하지 않았다. 그 때문에 돌아올 때 식량저장소를 못 찾기도 했다. 조랑말이 추운 남극에 적응하지 못하고 지쳐 움직이지 못하자 안락사를 시키고 그 고기를 식량으로 사용할 생각도 하지 않았다. 말들이 다 죽자 탐험대가 직접 썰매를 끌고 남극점을 향해 가야 했다. 스콧은 뚜렷한 목적이 있었지만 이를 이루기 위한 집중은 하지 않았다.

　아문센과 스콧 둘 다 똑같이 남극점을 정복하겠다는 목적을 가지고 출발했지만 인류 역사에 아문센만 기억되는 것은 아문센은 자신이 할 수 있는 모든 방법을 최대한 동원하며 목적 달성에 집중했기 때문이다. 스콧 역시 목적이 분명했지만, 자신이 지금 하고 있는 일이 목적에 도움이 될 것인지에 대해서는 크게 신경 쓰지 않았다.

아문센은 팀원들에게 남극점을 정복하는 것이 그들의 목적이라는 것을 끊임없이 상기시켰다. 그 덕분에 모든 팀원이 하나 된 마음으로 남극점을 가장 먼저 정복하고 무사히 돌아올 수 있었다. 자신들이 겪는 고생은 남극점을 정복하고 무사히 귀환하기 위한 것이라는 목적의식이 강했기 때문에 가능한 결과였다.

사람들은 목적을 잊어버릴 때가 많다. 지금 자신이 하고 있는 일을 무엇 때문에 하는지 망각하고 습관적으로 계속한다. 목적을 명확하게 인지하고 있다면 가는 길에 잠시 옆길로 새는 경우가 있어도 다시 원래 자리로 돌아와 갈 수 있다. 목적이 불명확할 때는 자신이 현재 어느 위치에 있는지도 모르고 어느 곳을 향해 가고 있는지도 인식하지 못한 채 의미 없이 움직인다.

글을 쓰는 것도 이와 똑같다. 아무 생각 없이 쓰는 사람은 단 한 명도 없다. 각자 쓰고 싶은 주제를 가지고 잘 쓰려고 한다. 잡담처럼 아무 내용이나 끼적거리는 것이 아니다. 글의 내용은 별것 아닐 수 있어도 목적을 가지고 써야 한다. 내용이 중심을 잡고 흐트러지지 않으면 아문센이 남극점에 도달한 것처럼 분명한 글이 나온다.

누구나 맛집에 다녀온 느낌과 감상을 쓸 수도 있고, 영화를 보고 리뷰를 쓸 수도 있고, 여행을 다녀온 뒤 여행기를 쓸 수도 있다. 이런 글은 저마다 목적이 뚜렷하다.

소문난 맛집을 찾아가 먹은 음식이 정말 맛있을 수도 있고 내 입맛에 전혀 맞지 않을 수도 있다. 글의 주제와 제목이 맛집을 다녀온 것인데 먹은 음식에 대한 언급이 전혀 없다면 어떨까? 친구들과 수

다를 늘어놓은 이야기나 친구들을 만나 참 좋은 시간을 가졌다는 내용으로 글이 이루어졌다면 제목과 목적을 즉시 변경해야 한다. 매칭이 안 되니 잘못되어도 한참 잘못되었다.

목적이 분명하지 않으면 내용이 중구난방이고 무엇을 말하려고 하는지 알 수 없는 글이 양산된다. 맛집에 대한 글인지, 자신의 일상에 대한 이야기인지 혼동되어 글을 읽는 사람은 흥미가 없어진다.

친구들과 함께 떠들고 즐긴 내용이 글에 포함되는 것은 상관없다. 그 내용을 맛집과 어떻게 연결시키느냐가 중요하다. 이를테면, "친구들과 별의별 이야기를 하며 시간 가는 줄 몰랐다. 맛집 분위기와 맛 때문에 우리도 모르게 음식 맛에서 벗어난 수다를 떨었나 보다." 하는 식으로 결국에는 맛집의 맛과 연계시켜 본래의 목적에서 글이 벗어나지 않도록 해야 한다.

이 글에서 아문센의 사례가 언급되었는데, 그는 내가 이 글을 쓰려는 목적에 맞는 인물로 재탄생했다. 사람에 따라 아문센의 사례를 '철저한 준비'라는 목적을 달성하기 위해 끌어들이기도 하고, 남극점을 먼저 정복하지 못했지만 탐험 정신에 부합하는 인물로 스콧의 사례를 각색하기도 한다. 심지어 스콧을 다수의 과학자를 데리고 각종 동물과 식물의 화석, 암석 샘플 등을 채집해 남극 대륙과 관련한 과학적 발견에 크게 기여한 인물로 묘사하며 자신의 목적에 맞는 성공한 인물로 그려내는 사례도 있다.

우리는 종종 도대체 무슨 이야기를 하는지 모를 글을 읽게 된다. 이런 글은 대부분 목적을 잊어버리고 옆길로 새서 그렇다. 미주알고

주알 너무 많은 것을 이야기하다가 목적과는 상관없이 장황하게 늘어진다. 목적을 분명하게 인식하고 쓰지 않으면 글이 다른 곳으로 가고 있다는 것을 깨닫지 못한다.

분명하고 확실한 목적은 우리의 인생뿐만 아니라 글쓰기에도 큰 도움이 된다. 글을 쓰다가 막히면 당장 생각해봐야 한다. 지금 쓰고 있는 글의 목적이 무엇인지.

목적을 잊은 글은 쓰는 사람에게도 읽는 사람에게도 고역이다. 무슨 이야기를 하는지 이해하기 힘들다. 혹시 지금 읽고 있는 이 글이 그렇게 느껴진다면 '목적을 잊은 글은 이렇구나!'라고 깨달으면 된다.

왜 글을 쓰는가

지금 누군가 내게 왜 글을 쓰느냐고 물을 수 있다.
그러면 나는 읽고 보고 느끼고 생각한 것을 표현하기 위해 쓴다고
대답할 것이다. 좀 거창하게 말한 것 같다.
나는 '그냥 쓰고 싶어 쓴다!' 쓰기 싫으면 그만인데 쓰고 싶어 쓴다.

나는 중학생 때 일기 쓰기를 통해 이른바 글쓰기라는 것을 시작했다. 무슨 까닭에 일기를 쓰기 시작했는지는 잘 모른다. 어쨌든 그날 일어난 사건을 적기도 하고 짝사랑하는 여자애 이야기도 썼다. 나는 그 친구를 좋아하는데 그 친구는 나에게 관심을 보이지 않는다는 식의 글이었다. 글이라고 표현하기 민망하지만, 그래도 매일 공책 한 페이지를 채울 정도로 썼으니 글이라고 해도 되지 않을까?

일기 쓰기는 그때부터 오래도록 계속되었다. 이십 대까지는 열심히 공책에 그날 힘들었던 일, 즐거운 일들을 기록했다. 자판을 두드려 입력하지 않고 악필이어도 굳이 공책에 쓴 이유는 정확히 모르겠다. 일기를 다시 읽어본 적은 거의 없다. 쓰기만 했을 뿐이다. 훗날 공책을 정리하다가 우연히 일기를 발견하고는 몇 페이지를 들춰 보며 옛 추억에 잠기기도 했다. 불행히도 그 공책은 지금 어디로 사라지고 없다. 그 사실을 처음 알았을 때는 소중한 내 일부를 잃어버린 듯했다.

삼십 대에는 인터넷상에 일기를 쓸 수 있는 툴이 생겨 본격적으로 서평을 쓰기 직전까지 썼다. 다행히도 이 일기는 인터넷에 아직까지 남아 있는데 따로 저장해야 할 듯하다. 내가 그렇게 쓴 일기는 살아온 발자취를 남기는 기록의 역사가 되었다.

이제 기록의 역사는 하루의 사건과 느낌을 정리하는 일기가 아닌 서평으로 변경되었다. 서평을 쓰자고 마음먹은 뒤로 읽었던 모든 책의 서평을 남기고 있어 나에게는 새로운 기록의 역사가 되고 있고, 그것이 바로 글을 쓰는 이유 중 하나다.

서평을 쓰다 보니 어느 순간 나 자신이 글을 쓰고 있다는 자각을 하게 되었다. 그전까지는 글을 쓰고 있다고 여기지 않았는데, 내 서평을 읽은 사람들의 댓글을 보고 비로소 깨닫게 된 것이다. 글을 쓰기 전에는 생각의 갈피를 잡을 수 없었지만, 글을 쓰면서 내가 생각한 것이 무엇이었는지 확실히 파악하고 정리할 수 있었다. 책 내용과 관련 없는 경우에도 글을 쓰며 다양한 사고를 확장시킬 수 있었다.

그리고 단순히 서평만 쓰는 게 아니라 좀 더 글 욕심을 부렸다. 지금까지 책을 읽으며 느낀 점과 직접 재테크 투자를 하면서 시행착오 끝에 깨달은 점을 정리하려고 글을 썼다. 그 글이 《후천적 부자》라는 책으로 탄생했다. 부동산 경매를 하며 날마다 일어난 일과 내 마음 상태를 가감 없이 일기로 썼다. 누구에게 보여줄 것이라고는 전혀 생각하지 않았다. 시간이 지나 부동산 경매 카페에 이 내용을 순차적으로 공개했다. 그러자 출판사로부터 연락이 와서 《소액 부동산 경매 따라잡기》라는 책도 내게 되었다.

서평을 공개하기 전에 연말을 기해 한 해 동안 읽은 책의 목록을 자주 가는 인터넷 사이트에 올렸다. 서평을 본격적으로 올리면서 사람들이 가끔 내게 책을 어떻게 고르고 읽는지 물었다. 이를 계기로 독서 관련 다양한 생각을 하나씩 글로 풀어 《책으로 변한 내 인생》을 내게 되었다.

그 이후로 《부동산 경매시장의 마법사들》《부자를 읽는 눈을 떠라》《부동산의 보이지 않는 진실》《부자가 되는 책읽기》《집 살래 월세 살래》《부동산 투자 사이클》《자기혁명 독서법》《서울 아파트 지도》《천천히 가도 괜찮아》《부의 공부법》까지 펴냈다.

특별한 이유가 있어 글을 쓴 것이 아니다. 그저 할 말이 있어 썼다. 누가 내 글을 읽어볼 것이라고 의식하지 않았다. 내가 하고 싶은 이야기를 상대방 없이 혼자 떠들기보다는 글로 썼다. 지금 누군가 내게 왜 글을 쓰느냐고 물을 수 있다. 그러면 나는 읽고 보고 느끼고 생각한 것을 표현하기 위해 쓴다고 대답할 것이다. 좀 거창하게 말한 것 같다. 나는 '그냥 쓰고 싶어 쓴다!' 쓰기 싫으면 그만인데 쓰고 싶어 쓴다.

할 말이 있어 글을 쓴다. 공개 또는 비공개 일기를 남기기 위해 글을 쓴다. 주어진 리포트 과제를 제출하기 위해 글을 쓴다. 다른 사람과 필담하기 위해 글을 쓴다. 말로 풀기 어려운 내용을 글로 쓴다. 자신의 주장을 펼치기 위해 글을 쓴다. 머리에 맴돌고 있는 내용을 글로 풀어 쓴다. 이외에도 다양한 이유로 글을 쓴다. 어떤 이유에서든 글로 자신의 생각을 전달하려는 마음에서 쓰는 것이다.

《동물농장》《1984》를 쓴 조지 오웰은 다음과 같이 말했다.

첫째, 순전한 이기심: 똑똑해 보이고, 사람들의 입에 오르내리며, 죽은 뒤에도 기억되고 싶은 욕망

둘째, 심미적 열정: 외부 세계의 아름다움이나 언어 자체의 아름다움을 글로 표현하고 싶은 욕망

셋째, 역사적 충동: 사물을 있는 그대로 보고 진실한 사실을 발견해 뒷날 후대가 사용할 수 있도록 기록하려는 욕망

넷째, 정치적 목적: 세상을 어떤 방향으로 밀고 나가 다른 사람의 생각을 바꾸려는 욕망

자신이 쓴 소설에 걸맞게 글 쓰는 이유도 아주 거창하다. 하지만 조지 오웰이 살던 시대에는 작가에게 정치적 목적을 띤 글이 강요되었고 개인의 자유보다는 국가에 대한 책임과 의무가 우선시되었다는 걸 알아야 한다. 지금은 누구도 우리에게 글을 쓰라고 강요하거

나 글을 쓰지 못하게 억압하지 않는다. 쓰고 싶은 글을 마음대로 쓸 자유가 있다. 조지 오웰의 네 가지 이유에 부합하지 않아도 각자가 쓰고 싶은 욕망이 있기에 글을 쓴다.

글을 쓰려고 마음먹었을 때 '어떤 글을 쓸까?' 고민하기보다는 먼저 글을 쓰고 싶다는 욕망에 사로잡혔을 것이다. 의자에 앉아 키보드에 손을 얹고 글을 쓰려고 한다. 아무 이유 없이 글을 쓰는 사람은 없다. 무엇인가 쓰고 싶은 것이 있기 마련이다. 특별한 이유 없이 글을 쓸 수도 있다. 뭐라도 쓰고 싶다는 욕구 때문에 아무것이나 쓰게 된다. 머리에 있는 생각을 글로 표현한다.

스스로 알아차리지 못해도 글을 쓰는 이유는 분명히 있다. 1＋1＝2라고 쓴 것을 글이라고 하지는 않는다. 글쓰기란 결국 자신이 쓰고 싶은 이유를 찾아가는 행위인지도 모른다. 아무 생각 없이 쓰다가 무엇 때문에 이런 글을 쓰고 있는지 자각하는 경우도 있다. 맛집을 알리기 위해, 좋은 책이나 영화를 알리기 위해 쓰기도 한다. 하도 답답해 누군가에게 하소연하려고 쓰기도 한다.

글을 쓰지 않아도 살아가는 데는 전혀 지장이 없다. 꼭 글을 써야 할 이유는 없다. 글을 쓰지 않고도 수많은 사람이 잘 살고 있다. 그럼에도 글을 쓴다면 그 이유가 분명 있을 것이다. 당신이 이 글을 읽고 있는 이유가 존재할 것이다.

나는 읽고 보고 듣고 느끼고 생각한 것을 흔적으로 남기기 위해 쓴다. 당신은 왜 글을 쓰려고 하는가? 글을 쓰려고 하는 이유는 무엇인가?

파워블로거 핑크팬더의 블로그 글쓰기

즐겁게 써라

글쓰기에 몰입할 때만큼 재미있고 행복한 시간이 또 있을까?
글쓰기가 즐겁지 않다면 차라리 잠시 중단하자.
즐겁게 할 수 있는 다른 일을 찾는 편이 더 좋다.
누가 시켜서 하는 것도 아닌데 즐겁지 않다면 굳이 왜 하는가?

여자보다 남자가 체격과 체력이 좋다. 그럼에도 백화점이나 쇼핑몰에서 신기한 체험을 하게 된다. 남녀가 쇼핑하러 돌아다닐 때, 대부분의 남자는 조금만 돌아다녀도 금방 지치고 만다. 가냘픈 여성은 신나서 몇 시간이라도 이곳저곳 층을 가리지 않고 돌아다니는데, 남자는 딱 한 층을 돌아다니고는 힘들어한다. 억지로 매장을 돌아다니는 남성과 자발적으로 구매 욕망을 채우려는 여성의 차이는 체격과 체력마저 무색하게 만든다.

　글을 쓸 때 신이 나야 한다. 회사 상사에게 제출하기 위한 보고서를 얼굴 가득 웃음꽃이 핀 상태에서 쓰는 사람은 드물 것이다. 프로젝트를 직접 기획하고, 프로세스대로 진행되었을 때 어떤 식으로 흘러갈지 상상하며 관련 자료를 조사한 사람은 다르다. 억지로 작성하는 것이 아니라 기대에 찬 표정으로 활기차게 쓴다.

　유쾌한 마음으로 쓰지 않은 글을 읽는 사람이 좋아하지 않는 것은 당연하다. 마케팅 업체로부터 의뢰를 받고 블로그에 포스팅하는 경우가 있다. 수익형 블로그를 운영하는 블로거에게 흔히 있는 일이다. 이때 쓰는 글은 대부분 제품이나 상품에 대한 리뷰다. 사람들은 정식 광고는 광고라고 쉽게 알아차리지만 블로그에 노출되는 광고는 광고인 줄 모를 때가 많다.

　블로거가 마케팅 업체의 제안을 수락하면 그 마케팅 업체는 블로그에 올려야 하는 사진을 보내주고 가이드라인을 제시한다. 특정 단어를 몇 회 이상 노출해야 하는지, 글의 형식은 어떠해야 하는지 등을 알려준다. 보수는 포스팅 하나당 얼마를 책정해 지불한다. 포스팅한 글이 그날 검색 페이지 상위권에 올라가면 추가로 인센티브를 주기도 한다. 하루에 하나꼴로 일주일에 5개 이상 올릴 때도 있고 하루에 1~5개씩 올리기도 한다. 리뷰에서 다루어야 할 것은 가전제품에서 맛집까지 종류가 다양하다.

　비록 사람에 따라 작성한 글이 조금씩 다르다고 해도 업체에서 제시한 가이드라인이 있기 때문에 전체적인 내용은 대동소이하다. 이

　　　　　파워블로거 핑크팬더의 블로그 글쓰기

런 글을 쓰고 올리는 사람은 그 어떤 재미도 느끼지 못한다. 단지 돈을 벌기 위해 틀에 박힌 글을 쓸 뿐이다. 재미를 느끼며 포스팅하는 사람은 극히 드물다. 돈을 받고 광고한다는 느낌이 들지 않게 재미있게 쓴 글도 있지만, 이런 글을 즐겁게 쓰는 사람은 찾아보기 힘들다.

글을 자신의 생각과 언어로 쓴 것이 아니라 돈을 벌기 위한 방편으로 썼기 때문에 정보 면에서 읽는 사람에게 도움이 될지 몰라도 재미는 전혀 없다. 혼자 간직하고 보는 일기가 아니라 외부에 노출되는 글이라면 그 글을 읽는 사람이 재미를 느낄 수 있게 해야 한다. 정보, 지식, 감동, 호소, 주장 등 어떠한 내용이 담기더라도 그에 맞는 재미가 있게 마련이다.

억지로 쓴 글과 재미있게 쓴 글은 읽는 사람도 알아본다. 글을 블로그에 올리면 빠른 시간 안에 그 반응을 확인할 수 있다. 재미있게 쓴 글에는 많은 사람이 댓글과 공감으로 호응한다. 억지로 쓴 글은 글을 쓰는 시간도 오래 걸린다. 흥미롭고 재미있게 쓰면 글도 막힘없이 잘 나온다.

이 글을 읽고 있는 당신은 분명 원고료를 받고 전문적으로 글을 쓰는 사람이 아닐 것이다. 만약 글을 쓰기 싫다면 안 쓰면 그만이다. 그런다고 누가 뭐라고 하지 않는다. 대부분의 사람은 회사에 다니기 싫어도 돈을 벌기 위해 다닌다. 이와 마찬가지로 누가 돈을 주며 원고를 써달라고 하면 써줄 수 있다. 최소한 돈을 받는 재미라도 있기 때문에. 하지만 누구에게 돈을 받는 것도 아닌 당신이 재미도 없는데 글을 써야 할 이유는 전혀 없다.

재미가 없는 일을 왜 하려 하는가? 특별한 목적과 의식을 가지고 글을 쓰는가? 재미는 없지만 엄청난 정보를 전달해야 한다는 사명감을 가지고 있는가? 직업적으로 글을 쓰는 사람을 제외하고는 싫은 것을 억지로 할 필요가 없다. 글쓰기는 재미있어야 한다. 내가 쓴 글을 누군가 읽고 반응해주는 것에 재미라도 느껴야 쓰는 것이다.

외국 가수들은 한국에 와서 공연하면서 깜짝 놀란다. 자신들이 부르는 노래마다 '떼창'으로 함께 부르는 팬들의 모습에 감동한다. 다른 나라에서는 느낄 수 없었던 분위기에 강렬한 인상을 받고 한국을 다시 공연하고 싶은 첫 번째 나라로 손꼽을 정도다. 한국 팬들의 그런 반응을 어떻게 해석할까? 콘서트에 가서 본전을 다 뽑고도 남을 만큼 즐겁고 재미있게 즐기다가 오겠다는 강한 의지의 표현이 아닐까?

콘서트 무대에서 가수가 전혀 모르는 노래만 부른다면 재미가 없다. 귀에 익숙하고 저절로 흥얼거릴 수 있는 노래가 나와야 관람한다는 느낌보다 동참한다는 느낌으로 함께 부르고 뛰고 땀을 흘리며 놀 수 있다. 콘서트에는 정말 놀러 간다. 가수의 노래와 퍼포먼스를 듣고 보고 감탄하러 가는 것이 아니라 그 시간을 함께 즐기기 위해 간다. 가수의 모든 노래를 콘서트 전날까지 다 외운다. 그래야 콘서트에 동참해 신나게 따라 부를 수 있다.

글쓰기도 마찬가지다. 글쓰기가 재미있으니 시간 가는 줄 모르고 쓰게 된다. 글의 내용과 형식, 맞춤법 등에 신경 쓰지 않고 즐겁게 쓴다. 내 글을 읽고 재미있게 읽었다고 하는 사람보다 내가 더 재미를 느껴 계속 쓴다.

　재미도 없는데 마지못해 글을 써야 할 이유는 전혀 없다. 굳이 블로그에 글을 올리지 않아도 할 일은 무궁무진하다. 재미있으면 하지 말라고 말려도 한다. 그렇지 않은가! 이때 쾌락과 행복감을 느끼게 해주는 도파민이 우리를 지배한다. 쓰고 싶다는 도파민에 지배되면 글쓰기가 재미있다. 글을 다 쓴 뒤에 시간이 한참 지난 것을 알고 깜짝 놀란다.

　글쓰기에 몰입할 때만큼 재미있고 행복한 시간이 또 있을까? 글쓰기가 즐겁지 않다면 차라리 잠시 중단하자. 즐겁게 할 수 있는 다른 일을 찾는 편이 더 좋다. 누가 시켜서 하는 것도 아닌데 즐겁지 않다면 굳이 왜 하는가?

　이왕이면 즐겁게 글을 써서 블로그에 올리는 게 어떨까? 글을 쓸 때마다 즐겁다면 행복을 멀리서 찾을 필요가 없다. 그토록 찾아 헤매던 파랑새가 우리 집에 있었다는 것을 깨닫는 것처럼 블로그에 쓰는 글이 우리를 행복으로 초대하는 티켓이 된다.

일상을 써도 글이다

일상을 글로 쓰기에 블로그만큼 좋은 것은 없다.
수많은 블로그에 올라오는 글 대다수가 일상생활의 기록이다.
부족한 내용은 사진으로 메꾸기도 하지만 기본은 글이다. 일상을
글로 적을 때 가장 유념해야 할 점이 하나 있다. 바로 진정성이다.

알람 소리에 찌뿌둥한 몸을 겨우 추스르며 일어난다. 알람은 여전히 내 귀를 때린다. 주섬주섬 핸드폰을 찾는다. 핸드폰의 소리를 죽인다. 좀 더 자고 싶지만 어쩔 수 없이 일어난다.

욕실에 가 세수를 하고 머리를 감는다. 배가 고프지만 먹을 것이 없다. 밥을 먹기에는 부담스럽고 가볍게 먹을 음식이 없어 식사를 포기한다. 옷장을 열었는데 마음에 드는 옷이 하나도 없다. 당장 출근해야

하니 내키지 않지만 그중에 좀 더 마음에 드는 옷을 골라 입는다.

오늘따라 신발도 낡아 보인다. 월급은 뻔한데 옷도 신발도 당장 살 수 없는 내 처지가 안쓰럽다. 무거운 마음을 안고 출근한다.

지하철 승강장은 평소처럼 사람들로 가득하다. 전철을 기다리는 줄이 두 줄도 아닌 네 줄이다. 사람들의 행렬이 통로 끝까지 이어졌다. 전철이 도착했지만 겨우 세 사람이 줄었다. 내 차례가 오려면 아직도 다섯 사람이 더 없어져야 한다. 이러다가 지각을 하는 것은 아닐까 걱정된다.

뜻하지 않게 구세주가 등장한다. 운 좋게도 내가 타는 역이 첫 출발지인 텅 빈 전철이 도착한다. 기다리던 사람들이 모두 탈 수 있다. 지각은 면했다.

비록 좌석에 앉지 못했지만 널찍하게 갈 수 있을 줄 알았는데 각 역마다 사람이 타더니 움직일 공간이 없어졌다. 옴짝달싹할 수 없다. 하필 옆 사람이 너무 가까이 붙어 있어서 부담스럽다. 내 의지와는 상관없이 몸이 점점 밀린다. 신기하게도 내 몸이 기역 자로 꺾였다.

몸을 무너뜨리지 않고 버티는 것이 버겁다. 교대역부터 서서히 사람들이 내리면서 몸이 다시 일자가 되었다. 매일같이 이런 러시아워의 지옥을 경험하니 출근하기가 너무 싫다.

가상으로 적어본 누군가의 일상 기록이다. 자신의 하루가 보잘것없고 누구에게 설명할 가치도 없는 시시한 것이라 여긴다면 그것은 큰 착각이다. 길을 걷다가 반드시 발걸음을 멈추고 바라보게 되는 장면이 있다. 걸어가며 곁눈질로도 보게 된다. 그것은 바로 불구경, 싸움 구경, 교통사고 구경이다. 왜 그렇게 가던 길을 멈추고 보게 되는 것일까? 인간의 가장 근원적인 훔쳐보기 욕망을 자극하는 것들이기 때문이다.

누구나 타인의 인생을 궁금해하고 엿보고 싶어 한다. '나는 이렇게 살아가는데 저 사람은 어떻게 살아갈까?' 종종 드는 생각이다. 드라마와 영화를 좋아하는 사람이 많은 것은 바로 이 때문이다. 영상 매체를 통해 타인의 삶을 엿볼 수 있는 것이다. 모든 드라마나 영화가 주인공의 극단적인 삶을 다루지는 않는다. 지극히 평범한 일상을 담담하게 풀어낸 작품이 인기를 끌거나 흥행하기도 한다.

〈이창〉이라는 영화가 있다. 영국 출신으로 세계적인 감독이 된 알프레드 히치콕의 작품이다. 히치콕의 영화는 스릴러와 서스펜스 장르가 대부분이다. 그가 연출한 작품들은 영화사에서 중요한 위치를 차지한다. 히치콕은 지극히 평범한 일상에서 벌어지는 생각지도 못한 인간의 내면세계를 보여주며 몸서리치게 만드는 능력이 탁월했다. 그런 그의 영화 가운데 〈이창〉은 타인을 훔쳐보는 관음증을 소재로 한다.

사진작가 제프(제임스 스튜어트 분)가 다리를 다쳐 휠체어에 의지해 지내던 중 우연히 건너편 집을 엿보게 된다. 그는 자신의 사진기로 건너편에 사는 사람들을 관찰한다. 그중 유독 눈에 띄는 여인이 있었다. 한 부인(그레이스 켈리 분)이 남편과 싸우더니 보이지 않게 되었다. 마침 남편은 톱과 칼을 만지고 있었고, 커다란 가방으로 무엇인가를 옮기고 있었다. 이 영화는 이후 다른 영화에서 '훔쳐보기'의 교본이 된다. 남자 주인공이 보는 시점으로 관객도 동참해 건너편 이웃들을 훔쳐보게 한다.

〈이창〉은 영화를 보는 관객마저 관음증의 참여자로 만든다. 남자 주인공 제프는 아무것도 할 수 없는 사람이지만 카메라 뷰파인더를 통해 사람들의 삶을 관찰한다. 관객은 그와 똑같은 시선으로 카메라 렌즈에 잡히는 그들의 삶을 관찰하고 훔쳐본다. 그러면서 주인공과 마찬가지로 기뻐하고 슬퍼하고 안타까워하고 분노한다.

우리는 모두 비슷하면서도 서로 다른 일상을 살아가고 있다. 오로지 나만이 경험할 수 있고 느낄 수 있는, 세상 어떤 것과도 다른 독특한 하루를 보낸다. 내가 적은 일상의 기록을 본 누군가는 자신과 다르다고 느끼며 재미있어 한다. 또 다른 누군가는 자신과 너무 비슷하다며 재미있어 한다. 내 생각과 달리 읽는 사람은 자신의 감정을 대입해 내 일상을 들여다본다.

글쓰기는 거창한 것이 아니다. 일상을 글로 쓰기에 블로그만큼 좋은 것은 없다. 수많은 블로그에 올라오는 글 대다수가 일상생활의 기록이다. 부족한 내용은 사진으로 메꾸기도 하지만 기본은 글이다. 일상을 글로 적을 때 가장 유념해야 할 점이 하나 있다. 바로 진정성이다.

'쇼윈도 부부'라는 말이 있다. TV 프로그램에 나온 연예인 부부가 더없이 다정한 잉꼬부부로 보이지만 TV 화면에서만 그럴 뿐 실상은 각방을 쓰고 서로 말도 하지 않는 부부를 말한다.

그토록 닭살 돋는 애정 행각을 벌이던 부부가 어느 날 갑자기 이혼했다는 기사가 나온다. 많은 사람이 "그럴 줄 알았어."라고 이야기한다. 그들이 TV에 나와 벌이는 행동이 어색하다는 것을 이미 눈치채고 있었기 때문이다.

이는 일상을 적을 때 유념해야 할 사실이다. 가장 중요한 진정성을 잊지 말아야 한다. 자신을 꾸민, 본연의 모습이 아닌 글에 사람들은 외면하고 만다. 나도 모르게 흐뭇한 미소를 짓거나 안타까워 울상을 짓게 하는 글은 거창하지 않다. 별다른 내용이 없다고 여겨지는 일상이어도 글을 쓴 사람의 진짜 모습을 담는 것이 핵심이다.

문학 장르 중에 '수필essay'이라는 것이 있다. 수필은 독자에게 거창하고 대단한 지식, 정보, 이론, 사상을 알려주지 않는다. 글쓴이의 일상적인 체험과 생각을 드러내 공감을 이끌어낸다. 일상을 거짓 없이 표현하고 진실을 독자와 공유하기에 훌륭한 글이 된다.

타인의 일상이 궁금하지 않은가? 우연히 방문한 블로그에 별것 없는 일상을 적은 글이 올라와 있다. 그런데 읽어 보니 너무 재미있다. 딱히 대단한 것도 없는데 소소한 하루를 읽는 재미가 있다. 내가 경험하지 못한 타인의 일상을 보여주기 때문이다. 이 글은 내가 가보지 못한 곳과 경험하지 못한 일에 대한 정보도 된다. 누구의 일상이 누구에겐 정보가 되었다.

매일 자신이 먹은 저녁 반찬에 대한 글을 사진과 함께 올리는 사람도 있다. 자신의 얼굴을 찍어 코멘트를 다는 사람도 있다. 참 별 내용이 없는 일상의 기록일지라도 누군가는 꾸준히 올리고 또 누군가는 그것을 읽는다.

일상을 글로 적다 보면 하루하루가 똑같지 않다는 것을 느끼게 된다. 매일 똑같은 시간에 출근해 업무를 보고, 퇴근한 뒤에는 TV를 보며 하루를 마감하고 잠을 잔다. 이런 일상도 글로 적다 보면 날마다 조금씩 다르다는 것을 깨닫게 된다. 자연스럽게 자신의 인생을 다시 바라보게 된다.

나의 하찮은 일상보다는 연예인의 일상이 궁금한가? 연예인은 자신의 일상을 글로 쓰지 않지만 나는 글로 쓴다. 그런 내 글을 보고 누군가는 흐뭇하게 웃으며 반응한다. 내 일상의 글은 지구상에 사는 모든 사람 중에 나만 쓸 수 있다.

누구도 나를 대신해 살아갈 수 없는 나만의 일상을 글로 쓴다면 얼마나 멋진 글쓰기가 될까?

일기 쓰기는
훌륭한 글쓰기 연습

일기만큼 글쓰기를 편하게 연습할 방법도 없다.
의외로 블로그에 일기를 쓰는 사람이 많다.
블로그에 일기를 쓸 때는 불특정 다수가 본다는 전제하에
밝히기 어려운 내면의 속삭임을 제외하고는 솔직하게 쓴다.

어느 한 소녀가 친구를 만났다. 소녀는 "생일날 테이블 위에 놓여 있는 너를 만났다."라고 고백한다. 그 친구의 이름은 '키티'였다. 키티는 2년이 넘는 동안 근심, 걱정, 기쁨 등을 함께한 단짝 친구가 되었다. 이 소녀의 이름은 안네 프랑크이고, 키티는 안네가 쓴 일기장의 이름이다.

안네는 1942년 6월 12일 열세 살 생일 선물로 받은 일기장에 일기

를 쓰기 시작했다. 나치가 유대인 학살을 자행하던 시대에 네덜란드 암스테르담 은신처에 숨어 지내던 안네에게 유일한 친구가 바로 일기장이었다.

함께 놀 친구도 없었던 안네는 외로움을 달래기 위해 일기를 쓰기 시작했다. 안네는 일기장에 솔직한 자신의 감정을 적었다. "열세 살 먹은 여자아이가 스스로 이 세상에서 외톨이라고 느끼고 있어요. 아니 실제로 외톨이라고 해도 아무도 믿지 않을 테니까요."라며 외로움을 일기에 호소했다. 얼마나 외로웠던지 안네는 "종이는 인간보다 더 잘 참고 견딘다."라고 일기장에 적었다.

일기는 열세 살 소녀가 적었다고 믿기 어려울 정도로 문장 수준이 높아 진위를 두고 논란이 벌어지기도 했다. 하지만 일기는 안네가 작성한 것으로 판명되었고, 두고두고 시대의 아픔을 기록한 문학 작품으로 전해지고 있다. 안네의 어머니는 당시 은신 생활을 도와주던 미프 부인에게 "보시는 것처럼 우리 딸은 작가랍니다."라고 말하며 일기를 쓰는 안네를 자랑스러워하기도 했다.

일기에는 타인에게 공개하는 일기와 공개하지 않는 일기가 있다. 자신의 내면으로 빠져들어 오롯이 자아를 만나는 일기는 타인에게 공개하지 않고 혼자 간직하는 일기다. 이에 반해 사춘기에 단짝이랑 함께 쓰는 교환일기는 타인에게 보여주는 일기다. 교환일기는 어느 누구나 문장력이나 문법에 신경 쓰지 않고 쓴다. 유일하게 신경 쓰는 것은 교환일기를 보는 상대방이다. 그 외에는 거리낄 것 없이, 쓰고 싶은 내용을 마음껏 쓴다.

일기만큼 글쓰기를 편하게 연습할 방법도 없다. 의외로 블로그에 일기를 쓰는 사람이 많다. 누군가 볼 것을 염두에 두고 쓰는 경우도 있고, 누군가 볼 것이라 미처 의식하지 못하고 쓰는 경우도 있다. 어떤 경우든 대체적으로 편한 마음으로 부담 없이 쓴다. 이렇게 쓸 수 있는 것은 다른 사람을 의식하지 않아서이다. 블로그에 일기를 쓸 때는 불특정 다수가 본다는 전제하에 밝히기 어려운 내면의 속삭임을 제외하고는 솔직하게 쓴다.

일기 쓰기는 훌륭한 글쓰기 연습이 된다. 누구의 눈치도 보지 않고 쓴 일기는 최고의 글쓰기 연습이 될 뿐만 아니라 뛰어난 글이 되기도 한다. 안네는 누구도 의식하지 않고 자신의 솔직한 마음을 가감 없이 일기에 담아냈다. 자신의 감정과 경험을 솔직하게 적었기에 단순히 일기로 끝나지 않고 시대의 아픔까지 전달하는 문학 작품이 될 수 있었다.

남을 의식하지 않고 쓰는 글이 최고의 글이다. 자기 자신의 이야기를 쓴 글만큼 진솔하고 담백하며 감정이입이 되는 글도 없다. 산골 학교에서 재직하던 1962년부터 세상을 떠나던 2003년 8월까지 쓴 42년 동안의 일기를 5권으로 묶은 《이오덕 일기》 세트가 있다. 솔직하게 쓴 일기가 모여 한 개인의 역사 기록이 되었고 이오덕 개인이 살았던 시대를 함께 볼 수 있는 책으로 탄생했다. 일기도 책이 될 수 있다.

임진왜란 때 왜군과 싸우며 이순신 장군이 쓴 《난중일기》는 대한민국에서 가장 유명한 일기다. 정작 이순신 장군은 '난중일기'라는 제목으로 일기를 쓴 적이 없고 '임진일기' '병신일기' '정유일기' 등의

파워블로거 핑크팬더의 블로그 글쓰기

나도 부동산 경매 투자를 할 때 날마다 일기로 남겼다.
일기를 쓸 때 단 한 번도 다른 누군가에게 보여줄 것이라고
생각하지 않았다. 출판사에서 책으로 내자는 제의가
들어올 줄은 상상도 하지 못했다.

제목으로 일기를 묶었는데, 200년 뒤인 정조가 이순신을 영의정으로 가증加贈하며 전란 중의 일기를 묶어 '난중일기'라고 이름을 붙였다. 힘들고 어려운 때에도 자신의 감정과 상황을 솔직하게 있는 그대로 썼기에 이 일기는 후대까지 남아 고전이 되었다.

《난중일기》를 쓴 이순신 장군, 《안네의 일기》를 쓴 안네, 42년 동안 일기를 쓴 이오덕 선생은 자신의 일기가 책으로 나와 많은 사람에게 읽힐 것이라고는 꿈에도 생각하지 않았을 것이다.

우리는 일기를 문장력이 뛰어나고 맛깔스러운 글이라는 관점으로 읽지 않는다. 꾸밈없이 쓴 글, 진실성이 있는 글이라는 점에서 읽는다. 글쓰기 연습을 하고자 한다면 일기 쓰기만큼 부담 없이 할 수 있는 것도 없다.

나도 일기를 책으로 펴냈다. 부동산 경매 투자를 할 때 날마다 그와 관련된 부분만 일기로 남겼다. 그 일기가 모이고 모여 《소액 부동산 경매 따라잡기》라는 책이 되어 세상에 나왔다. 나는 일기를 쓸 때 단 한 번도 다른 누군가에게 보여줄 것이라고 생각하지 않았다. 우연한 기회에 공개한 일기가 많은 사람 사이에 회자되고 출판사에서 책으로 내자는 제의가 들어올 줄은 상상도 하지 못했다.

그 투자일기를 쓰기 전까지 중학생 때부터 일기를 썼다. 누구에게 보여줄 의도가 전혀 없는 일기였다. 공책에 쓰다가 인터넷의 발달과 더불어 인터넷 공간에 비밀로 일기를 썼는데, 다음과 같이 마지막 일기를 썼다. 제목은 '늘'이었다.

같은 말만 일기에 쓰는 것 같다. 잘하자~! 잘될 거다. 힘들다. 하지만 잘될 거다. 쩝…… 이제 그만해야 하나??? 그런 생각을 많이 한다. 일기를 쓰기는 하지만 과연 이 행동이 얼마나 도움이 되고 있는지 그 부분에 있어 회의적이다. 일기 형식을 변경하든지 아예 일기를 쓰지 말든지 해야 하지 않을까 한다. 그럼에도 불구하고 습관적으로 이렇게 일기를 쓰고 있다.

이 일기는 2009년 11월에 쓴 것을 끝으로 더 이상 쓰지 않았다. 그 대신 투자일기를 썼다. 2012년부터는 투자일기도 가끔 쓰다가 중단했다. 거의 매일 내 생각을 서평 등의 글로 쓰고 있었기 때문이다. 언젠가 다시 시작할지도 모를 이 일기 쓰기는 글쓰기에 대한 두려움을 없애주었다. 쓰고 싶은 대로 감정이 가는 대로 마음껏 일기를 썼기에 지금까지 글을 쓰는 데 두려움은 없다. 잘 쓰고 싶다는 욕망은 있을지언정.

이제 다시 일기를 쓰기 시작한다면 블로그라는 좋은 도구를 활용할 듯하다. 블로그에 비밀 기능이 있기 때문에 남에게 밝히기 어려운 내용은 비밀 일기로, 누가 읽어도 상관이 없는 내용은 공개로 설

파워블로거 핑크팬더의 블로그 글쓰기

정해 일기를 쓴다면 부담 없는 글쓰기가 된다.

일기는 내 글쓰기의 바탕이자 원동력이었다. 두려움을 갖지 않고 쓰고 싶은 내용을 쓰는 '글쓰기의 연습장'이었다. 글을 잘 쓰고 못 쓰고를 떠나 '나도 글을 쓸 수 있구나.' 하는 자신감의 원천이 되었다.

일기를 쓰는 것이 두렵다면 이상하다. 글쓰기가 어렵고 두렵다면 이해가 된다. 일기는 특정 목적을 서술하는 글쓰기가 될 수도 있다. 일기 쓰기는 어떠한 형식과 내용에 구애받지 않는 가장 좋은 글쓰기 이다. 심지어 일기가 모여 책으로 출판될 수 있다. 정말 멋지지 않은 가!

이제 다시 일기를 쓰기 시작한다면 블로그라는 좋은 도구를 활용할 듯하다. 블로그에 비밀 기능이 있기 때문에 남에게 밝히기 어려운 내용은 비밀 일기로, 누가 읽어도 상관이 없는 내용은 공개로 설정해 일기를 쓴다면 부담 없는 글쓰기가 된다.

남의 시선을 의식하지 마라

글을 쓸 때 다른 사람의 시선을 의식할 필요가 없다.
아니, 의식하지 말아야 한다. 과연 어떤 평가를 받을 것인지
의식하며 쓰는 글에서는 진실한 내용이 나올 수 없다.
자신을 속이는 글은 남이 읽기 전에 자신이 먼저 안다.

아프리카 난민 캠프에서 의료봉사 활동을 하던 안톤은 안식년을 맞아 집으로 돌아온다. 어느 날 작은아들이 놀이터에서 그네를 타려고 하다가 다른 아이와 다투게 된다. 안톤은 이를 말리다가 자신의 아이를 때린다고 오해한 그 아이 아버지에게 뺨을 맞는다. 안톤의 모습을 본 큰아들 엘리아스는 아버지가 무능하고 힘이 없다며 크게 실망한다.

엘리아스는 친구 크리스티안의 도움을 받아 아버지 안톤에게 폭력을 행사한 남자의 직장 주소를 알려주며 복수하라고 한다. 안톤은 그 남자가 일하는 자동차 정비소를 찾아가 사과받으려고 했지만, 또다시 아이들 앞에서 손찌검을 당한다. 영화 〈인 어 베러 월드〉의 내용이다.

안톤은 폭력이 무섭거나 무력을 쓸 줄 몰라서 가만히 있었던 것이 아니다. 사람이 죽어가는 난민 캠프에서 누구보다 앞장서서 진료를 했고, 군벌 우두머리가 눈앞에 총을 들이대며 위협해도 자신이 해야할 일을 하는 용기 있는 사람이다. 그는 폭력에 폭력으로 맞서면 어리석고 더 나은 세상을 만들 수 없다고 믿었을 뿐이다.

이 과정에서 엘리아스는 아버지 안톤의 진정한 힘을 깨닫는다. 아들이 자신을 어떻게 받아들일지 신경 쓰일 수도 있었는데 안톤은 자신이 옳다고 믿은 바를 실천했다. 동네 사람들의 비웃음을 사도 그 믿음을 실천했다. 어떤 상황이든 자존감을 잃지 않았다.

반면, 엘리아스는 올바른 자존감을 가지고 살지 못하고 끊임없이 주변 사람들의 시선을 의식했다. 안톤은 엘리아스에게 제대로 된 자존감을 가지고 살아야 한다는 것을 몸소 행동으로 보여준다. 동네에서 힘센 척하는 사람 앞이나 자신의 목숨을 당장 끊어놓을 수 있는 아프리카 군벌 우두머리 앞에서도 자존감을 잃지 않고 똑같이 행동한다. 주변 사람들의 시선을 의식했다면 절대로 그러지 못했을 것이다.

글을 쓰는 것도 마찬가지다. 글을 쓸 때 다른 사람의 시선을 의식할 필요가 없다. 아니, 의식하지 말아야 한다. 과연 어떤 평가를 받을 소설 가운데 자전적 소설이라는 것이 있다.
자전적 소설을 읽을 때면 작가 자신의 이야기를 이토록
죄다 드러내도 되는 것일까 하는 생각이 든다.
하지만 독자들은 작가의 솔직한 글에 진정성을 느껴 감동을 받는다.

것인지 의식하며 쓰는 글에서는 진실한 내용이 나올 수 없다. 자신을 속이는 글은 남이 읽기 전에 자신이 먼저 안다. 말로 거짓을 늘어놓으면 임시방편으로 통할 때가 있다. 어떤 사실에 대해 거짓말을 하고 잡아떼면 된다. 글은 이런 방법이 통하지 않는다. 글은 영원히 남는다. 숨기려 해도 숨길 수 없다.

글로써 자신을 부풀려 존경을 받거나 불쌍하게 보여 위로를 받을 수 있다. 하지만 글이 쌓이면 쌓일수록 올가미가 되어 자신을 옭아매는 것을 깨닫게 된다. 그 사실을 알았을 때는 이미 너무 늦다. 내 글을 읽은 모든 사람이 내게 실망하고 떠난 것을 알게 된다.

남의 시선을 의식하지 말고 자신을 솔직하게 드러내 써야 한다. 역설적이지만, 글은 자신의 내면을 날것으로 사람들에게 보여줄 때 치유와 극복의 과정을 거치며 자존감을 되찾는 도구가 될 수 있다.

소설 가운데 자전적 소설이라는 것이 있다. 자전적 소설을 읽을 때면 작가 자신의 이야기를 이토록 죄다 드러내도 되는 것일까 하는 생각이 든다. 하지만 독자들은 작가의 솔직한 글에 진정성을 느껴 감동을 받는다. 신경숙의 《외딴방》, 황석영의 《개밥바라기별》, 파올로 코엘료의 《순례자》, 이문열의 《젊은 날의 초상》 등 그런 작품은 수없이 많다.

글은 자신을 치유하는 도구가 될 수 있다는 것을 보여준 사람도 많다. 《눈물도 빛을 만나면 반짝인다》를 쓴 은수연은 초등학생 때부터 9년 동안 아버지에게 당한 성폭력을 그 책에서 밝혔다. 남들은 쉬쉬하고 감추는 일을 주변 사람들에게 알리는 것도 모자라 글로 써서 책으로 낸 은수연. 이를 통해 그녀는 사람들이 생각하는 것과 달리 더욱 활달하게 인생을 살아갈 수 있게 되었다.

남들에게 말하면 죽여버린다고 협박한 아버지에게서 도망친 은수연은 성폭력의 상처를 평생 간직하며 우울하게 남의 눈치를 보며 살아갈 수도 있었을 것이다. 이런 사실을 모르는 사람들은 평소 워낙 활달한 은수연이 엄청난 불행을 경험했으리라고는 상상하지 못한다. 그녀는 자신이 겪은 불행을 삭이며 스스로를 가둬놓고 살아가지 않고 글로 풀어냈다. 남의 시선을 의식하지 않고 오로지 자신을 향해 글을 써서 자존감을 회복하고 남들보다 더 당당하게 살아간다.

이에 반해 자기 검열로 어려움을 겪는 사람도 있다. 과거 군사정권에서는 정권 차원에서 조금이라도 문제가 되는 내용이나 문구에 꼬투리를 잡고 추궁했다. 이러다 보니 작가들은 스스로 알아서 문제가 될 내용이나 문구를 피했다. 군사정권이 물러간 뒤 창작의 자유가 주어졌지만 작가들은 여전히 어려움을 호소했다. 자유롭게 창작열에 불타 글을 써야 하는데 자신도 모르게 문제가 될 수 있는 내용은 쓰지 않았다. 창작의 자유를 빼앗긴 것이다.

당신이 지금 어떤 글을 쓰든 어느 누구도 문제 삼지 않는다. 자발적으로 자기 검열을 하며 글을 쓰고 있는 것은 아닐까 생각해보자. 쓰고 싶은 글을 쓰면 되는데 도대체 왜 다른 사람의 시선을 의식하는가? 그럴 이유가 전혀 없다. 쓰고 싶은 것을 쓰면 된다. 글의 내용이 엉터리고 개연성도 없고 문맥이 맞지 않아도 상관없다. 처음부터 좋은 글을 쓰는 사람은 없다. 작가를 꿈꾸며 글을 쓰려고 하는 것도 아니지 않는가!

대단한 글을 쓴다고 생각하지 말자. 엄청나게 못 쓴 글이라 놀림받을까 봐 두려워하지도 말자. 쓰고 싶은 글을 쓰면 된다. 남의 시선 따위는 의식하지 말고 글을 쓰면 된다. 자존감이 약해져 남의 눈치를 보며 쓰지 말자. 신기하게도 글을 쓰다 보면 자존감이 높아진 자신을 발견하게 된다. 타인의 시선에 신경 쓰지 않고 자유롭게 글을 써야 자존감이 높아진다.

다음과 같은 니체의 말을 유념하고 글을 써보자.

자신을 대단치 않은 인간이라 폄하해서는 안 된다. 그 같은 생각은 자신의 행동과 사고를 옭아매려 들기 때문이다. 오히려 맨 먼저 자신을 존경하는 것부터 시작하라. 아직 아무것도 하지 않은 자신을, 아직 아무런 실적도 이루지 못한 자신을 인간으로서 존경하는 것이다. 자신을 존경하면 악한 일은 결코 행하지 않는다. 인간으로서 손가락질당할 행동 따위 하지 않게 된다. 그렇게 자신의 삶을 변화시키고 이상에 차츰 다가가다 보면, 어느 사이엔가 타인의 본보기가 되는 인간으로 완성되어간다. 그리고 그것은 자신의 가능성을 활짝 열어 꿈을 이루는 데 필요한 능력이 된다. 자신의 인생을 완성시키기 위해 가장 먼저 스스로를 존경하라.

자발적으로 자기 검열을 하며 글을 쓰고 있는 것은 아닐까 생각해보자. 쓰고 싶은 글을 쓰면 되는데 도대체 왜 다른 사람의 시선을 의식하는가? 글의 내용이 엉터리고 개연성도 없고 문맥이 맞지 않아도 상관없다. 처음부터 좋은 글을 쓰는 사람은 없다.

나는 마치 그물처럼 온종일 마음을 펼쳐든다. 내가 쓰고 있는 책에 딱 맞는 것들이 걸려들 수 있도록.

데이비드 에버쇼프(David Ebershoff, 미국 소설가)

나는 필경 그 어떤 작가보다도 지성이 떨어지는 작가일 것이다. 나는 그저 무언가가 올 때까지 계속해서 연거푸 두드리고 있을 뿐이다.

도널드 레이 폴록(Donald Ray Pollock, 미국 소설가)

글 쓰는 일은 좋은 것이다. 애정을 갖고, 그 일을 좋아한다고 생각하며 매진해라. 글 쓰는 일은 쉽고 재미있는 일이다. 일종의 특권이다. 걱정스런 허영심과 실패에 대한 두려움을 제외한다면 어려울 게 없는 일이다.

브렌다 유랜드(Brenda Ueland, 미국 저술가)

내가 쓰는 글은 처음 볼 땐 내게 전부 허튼소리처럼 느껴진다.

수전 손택(Susan Sontag, 미국 예술평론가·소설가)

우리는 글을 쓰면서 인생을 두 번 맛본다. 그 순간에 한 번, 추억하면서 한 번.

아네스 닌(Anais Nin, 미국 소설가)

다른 사람의 평가는 너무 진지하게 받아들이지 마라.

레브 그로스먼(Lev Grossman, 미국 소설가·언론인)

- 나는 알고 있다. 누구나 글을 쓸 수 있고 누구나 작가가 될 수 있다는 것을. 그런 사실을 받아들이고, 자기를 알고, 자기를 믿으려면 글과 씨름을 할 필요가 있다는 것을. 또한 나는 알고 있다. 그 씨름을 계속하려면 믿음과 용기가 필요하다는 것을. 또한 알고 있다. 글쓰기는 누구에게나 무한한 가치가 있다는 것을.
- 재미로 써라. 자신을 위해! 작가가 그 과정을 즐기지 못한다면 어떤 독자가 그 결과물을 즐기겠는가!

로버타 진 브라이언트(Roberta Jean Bryant, 미국 저술가)

결국 글 쓰는 일의 핵심은 당신의 글을 읽는 이들의 삶과 당신 자신의 삶을 풍성하게 만드는 것이다. 자극하고 발전시키고 극복하게 만드는 것, 행복해지는 것, 그것이 궁극적인 목적이다.

스티븐 킹(Stephen Edwin King, 미국 소설가)

파워블로거 핑크팬더의 블로그 글쓰기

글을 쓰고 싶다면 기꺼이 위험을 무릅쓰고 모험을 해야 한다. 조롱거리가 되는 위험을, 자신이 바보라는 것을 깨닫게 되는 위험을 감수해야 한다.

제서민 웨스트(Jessamyn West, 미국 소설가)

때때로 내게 글쓰기란 이미 내가 알고 있는 것을 의식하는 작업이다.

아바 다웨사(Abha Dawesar, 인도 소설가)

이제 막 시작하는 입장이거나 아직 시작 단계에 있다면, 그것이 자연스러운 일이라는 점을 명심하라. 가장 중요한 것은 많이 해보는 것이다. 스스로 마감일을 정하라. 매주 이야기를 한 편씩 완성해보라.

아이라 글래스(Ira Glass, 미국 방송인)

문장은 거기에 쓰이는 언어의 선택으로 결정된다.

율리우스 카이사르(Gaius Julius Caesar, 고대 로마 정치가·장군)

글을 쓰겠다는 목적의식을 계속 품고 있으면 글쓰기가 생활 전면에 더 자주 등장한다. 하루에도 몇 번씩 다음 문단을 고민하고 틈틈이 머릿속으로 글을 다듬고 내 소설이 어떤 방향으로 흘러가게 될지 생각한다. 이런 규칙적인 '목적의식 인식하기'는 자유로이 글쓰기에 대해 생각하고, 실제로 글을 쓰고, 또 글을 계속해서 쓸 수 있게 해준다.

조안(영화배우·소설가)

파워블로거 핑크팬더의 블로그 글쓰기

자신이 글쓰기를 사랑한다는 사실을 잊어선 안 된다. 사랑하지 않으면 글을 쓸 필요가 없다. 그 사랑이 희미해지면 필요한 조치를 취해 다시 글쓰기로 돌아가라.

A. L. 케네디(Alison Louise Kennedy, 영국 소설가)

점점 더 좋아지는 글을 쓰고 있다고 생각했지요. 제가 재능이 없는 사람이라는 생각은 하지 않았고, 이렇게 잘 쓰다가 못 쓰게 된다고 생각하지도 않았어요. (……) 쓰다 보니 점점 좋아졌기에 스스로에게 격려를 했습니다. (……) 글쓰기에는 과정이 중요합니다. 글을 쓰겠다고 생각할 때 많이 가지는 것이 고통스럽다고 생각하는 거예요. 스스로 글을 못 쓴다고 자신에게 멍청하다고 말을 하지요. 물론 글쓰기에 있어 근본적으로 고통 없이 글을 쓸 수는 없어요. 하지만 일시적인 것일 뿐입니다. 마감의 고통도 있지만 마감 어긴다고 해서 큰일이 나지는 않아요. 글쓰기는 긍정 속에서, 즐거움 속에서만 가능합니다.

김연수(소설가, 강연 '김연수 작가의 글쓰기 학교 하루 3강' 중에서)

당신의 삶을 기록하면 하나의 작품이 된다.

로제마리 마이어 델 올리보(Rosemarie Meier-Dell'Olivo, 스위스 저술가)

노력과 용기는 목적과 방향 없이는 충분하지 않다.

존 F. 케네디(John Fitzgerald Kennedy, 미국 제35대 대통령)

내가 글을 쓰는 것은 전적으로 내가 무엇을 생각하고 있는지, 내가 무엇을 보고 있는지, 내 눈에 무엇이 보이며 그것이 무슨 의미인지 알아내기 위해서다.

존 디디온(Joan Didion, 미국 소설가)

결국 선생들은 글쓰기를 가르치기만 할 뿐이다. 실천을 통해, 시행착오를 통해 배우는 것, 글로 자신의 적절한 목소리, 자신만의 독특한 목소리를 찾는 것은 온전히 학생들의 몫이다.

존 허시(John R.Hersey, 미국 소설가)

말한 것을 읽을 때까지 내 생각을 알 수 없어 글을 쓴다.

플래너리 오코너(Flannery O'Connor, 미국 소설가)

작가로서의 삶을 시작하는 사람들에게 글쓰기 재능을 연마하기 전에 뻔뻔함을 키우라고 말하고 싶다.

하퍼 리(Harper Lee, 미국 소설가)

거기에 커다란 교훈이 담겨 있다. 전적으로 글쓰기와 관련해서 말이다. 사람들이 뭐라고 할 것인지 혹은 그것이 얼마나 위험할지는 중요하지 않다. 중요한 것은 자신이 하는 일에 집중하는 것 그리고 자신이 사랑하는 일을 하는 것이다.

줄리아 알바레스(Julia Alvarez, 도미니카공화국 소설가)

무엇이든 글로 쓰되 짧게 써라.

윈스턴 처칠(Winston Leonard Spencer Churchill, 영국의 정치가·저술가)

가슴으로 써라.

척 핸슨(Chuck Hansen, 미국 저술가)

하나의 진실한 문장을 쓰는 것이 당신이 해야 할 일의 전부다.

어니스트 헤밍웨이(Ernest Miller Hemingway, 미국 소설가)

chapter 3

세 번째 글쓰기

글쓰기는
재능이 아닌 노력

소설가 김훈은 다음과 같이 말했다.
"스스로 규율을 정해놓고 매일 열심히 지키려고 한다. 책상에다
'필일오(必日五)'라고 써놓았다. 반드시 하루에 5매를 쓰자는 뜻이다.
그러니까 시간을 정해놓은 것이 아니라, 양을 정해놓고 살고 있다."

필력! 글 쓰는 사람들이 꼭 갖고 싶어 하는 힘이다. 국어사전에서 필력이라는 낱말을 찾아보면 '글씨의 획에서 드러난 힘이나 기운' '글을 쓰는 능력'으로 풀이한다. "필력이 좋네요!"라는 말을 들으면 글을 잘 쓴다는 의미다. 필력은 어느 날 하늘에서 뚝 떨어지는 재능이 아니다.

회사에서 전무이사가 되고 싶다는 욕망을 가질 수 있지만 노력해야만 될 수 있다. 사장의 자식도 비교적 진급이 빠르긴 하지만, 처음에는 평사원 비슷하게 출발해 단계적으로 밟아나가며 경험을 쌓는다. 필력도 이와 마찬가지다.

글 잘 쓰는 사람을 부러워하고 자신은 도저히 그처럼 될 수 없다며 포기하는 이가 많다. 글 쓰는 능력은 하늘에서 내려준, 타고난 인간만이 가진 재능이라고 믿는 것이다. 사람마다 타고나는 재능에는 분명 차이가 있지만, 글 쓰는 능력은 재능과 큰 상관이 없다. 그런데도 죽었다 깨어나도 맛깔스럽게 글을 쓸 수 없다고 절망한다. 절대로 유명 작가처럼 글을 쓸 수 없다며 한탄한다. 작가는 별 고민과 노력 없이 책상 앞에 앉자마자 미친 듯이 글을 쓴다고 믿는 걸까?

자신만의 독특한 상황 묘사와 담백한 문체로 독보적인 위치에 있는 김훈은 한국의 대표 소설가로 인정받고 있다. 그가 쓴 책은 늘 베스트셀러에 오르고 그의 글은 예비 작가들에게 열등감과 좌절감을 안겨줄 정도로 대단하다. 그런 김훈은 분명 남들과 달리 타고난 재능으로 글을 쓸 것이라 넘겨짚기 쉽다.

어떻게 글을 쓰느냐는 질문에 김훈은 다음과 같이 말했다.

"내가 나 자신에 대한 규율을 지켜야 하기 때문에, 아무도 나를 규율로 잡아줄 사람이 없다. 내가 나 자신을 다스려나갈 수 있느냐 없느냐 하는 것에 내 삶의 성패가 달렸다. 자신을 통제할 규율이 없으면 건달밖에 안 된다. 나 또한 스스로 규율을 정해놓고 매일 열심히 지키려고 한다. 오늘은 책을 조금 읽자, 오늘은 글을 몇 자 쓰자는 식이다. 마감은 정해놓지 않고 하루 다섯 장(200자 원고지 기준)을 쓰려고 책상에다 '필일오必日五

표'라고 써놓았다. 반드시 하루에 5매를 쓰자는 뜻이다. 그러니까 시간을 정해놓은 것이 아니라, 양을 정해놓고 살고 있다."

타고난 재능으로 글을 쓰는 사람이 하루에 5매를 정해놓고 쓸 필요가 있을까? 마음만 먹으면 하루 날을 잡아 미친 듯이 글을 쓰면 되지 않을까? 우리가 알고 있는 모든 작가가 이런 식으로 글을 쓰지 않는다. 아니, 정확하게 표현하자면 못 한다. 어쩌다가 글이 술술 잘 풀려 시간 가는 줄 모르고 쓸 때도 있지만 보통은 자리에 앉아 진통을 겪는다. 글이 나올 때까지 다른 일은 전혀 하지 않는다. 아예 자리에서 일어나지 않는다. 그래야 글을 쓸 수 있다. 앉아 있는 것도 재능이라면 재능이다.

대부분의 작가는 평소 놀다가 어느 날 작심하고 골방이나 공기 좋은 산장에 틀어박혀 신들린 모습으로 글을 쓰지 않는다. 각자 자신의 스타일대로 날마다 글 쓰는 시간을 정해놓고, 그 시간에는 무슨 일이 있어도 글을 쓴다. 마치 구도자처럼 살아간다. 작가에게도 대략적인 마감은 존재한다. 하지만 누가 옆에서 보채는 것도 아니니 스스로 자기를 관리해야 한다. 글을 쓰는 사람은 대부분 직장인보다 더 규칙적인 생활을 한다.

그동안 수많은 책을 썼고 베스트셀러도 한두 권이 아닌 공병호는 강의와 강연으로 몸이 몇 개라도 부족할 판이다. 그런데도 그는 여전히 1년에 1권 이상의 책을 낸다. 어떻게 그럴 수 있을까? 하늘이 준 엄청난 재능이 그에게 있는 것일까? 마음만 먹으면 그 즉시 원하는 글을 술술 쓰는 재능이 있기에 가능한 것인가? 정말 그럴까? 그

진정한 천재는 타고난 재능뿐만 아니라 일반인이 상상할 수 없는 노력이 있었기에 가능했다. 재능에 노력을 더해 우리가 도저히 오를 수 없는 수준에 이른 것이다. 이에 반해 천재라는 호칭에 취한 가짜 천재는 자신의 재능만 믿다가, 노력하는 범재보다 못한 사람이 되고 만다.

럼, 어디 한번 공병호의 하루를 살펴보자.

공병호의 글쓰기는 자신의 작업 공간이자 연구실이자 자택인 아파트에서 이루어진다. 모든 방은 책장에 꽂힌 책으로 채워져 있다. 이 책들은 자신만 알 수 있는 방법으로 체계적으로 분류해놓았다.

여러 방 중에 하나를 자신의 집필 공간으로 꾸며 글을 쓰는데, 안방은 아니다. 집필은 반드시 새벽에 하기 때문에 일찍 일어난다. 이와 관련된 책을 낼 정도로 공병호는 전형적인 '새벽형 인간'이다.

그는 누구의 방해도 받지 않는 새벽 시간에 글을 쓴다. 새벽 3~4시에 일어나 4시부터 2~3시간 동안 글만 쓴다. 낮에는 강연을 하거나 미팅을 가진다. 잠자리에 드는 시간은 밤 9~10시 정도다. 새벽에 일어나 글을 써야 하기에 저녁 약속은 어지간해서 잡지 않는다. 저녁 늦게까지 사람을 만나면 새벽에 일어날 수 없기 때문이다. 사람들과의 만남은 대부분 강연 시간 전후로 잡는다. 이런 삶을 살기에 공병호는 꾸준히 글을 써서 매년 책을 낼 수 있는 것이다.

우리가 천재라고 부르는 사람은 수없이 많다. 천재는 타고났다고 믿는다. 그들은 우리가 아무리 노력해도 도저히 따라갈 수 없는 높

파워블로거 핑크팬더의 블로그 글쓰기

은 경지에 있다고 믿는다. 하지만 진정한 천재는 타고난 재능뿐만 아니라 일반인이 상상할 수 없는 노력이 있었기에 가능했다. 재능에 노력을 더해 우리가 도저히 오를 수 없는 수준에 이른 것이다. 이에 반해 천재라는 호칭에 취한 가짜 천재는 자신의 재능만 믿다가, 노력하는 범재보다 못한 사람이 되고 만다.

글을 써보지 않은 사람은 자신에게 글쓰기 재능이 있는지 확인할 방법이 전혀 없다. 일단 글을 써야 자신의 재능을 알 수 있다. 그러나 글쓰기 재능은 글을 잘 짓는 능력이 아니라 글을 계속 쓸 수 있는 능력이라 말하고 싶다. 글을 계속 쓰고 있다면 그게 바로 재능 아닐까? 앞에서 소개한 작가들뿐만 아니라 모든 작가가 재능이 있고 없고를 떠나 끊임없이 글을 쓴다. 그게 바로 재능이다.

글 쓰는 것이 재능이라면 누구나 도전할 수 있다. 꾸준히만 써도 점점 더 맛깔스러운 글을 쓸 수 있다. 아주 단순하다. 쓰는 것만으로도 훌륭한 재능이고, 그 재능은 단지 노력하면 얻을 수 있다. 이것만큼 쉽게 얻을 수 있는 재능도 없다.

블로그에 글을 쓴다. 매일 못 써도 일주일에 두세 편은 꾸준히 쓴다. 쓴 글의 편 수가 늘어남에 따라 내 글쓰기 실력도 향상된다. 실력 향상을 파악하기도 쉽다. 당장 블로그에 올린 글 중에 몇 년 전이나 몇 달 전의 글을 찾아 읽어보면 내가 얼마나 변했는지 누가 이야기해주지 않아도 깨닫는다. 블로그에 글을 포스팅한 숫자만큼 당신의 노력이 수치로 환산된다. 노력을 해도 별로 티가 나지 않는 다른 글과 달리, 블로그 글은 내 노력과 열정이 고스란히 숫자와 함께 보인다.

타고난 사람만이 글을 잘 쓸 수 있을까? 아니다. 누구나 글을 잘 쓸 수 있다. 지금부터라도 글을 쓰면 된다. 타고난 재능이 아닌 노력으로 얼마든지 좋은 글을 쓸 수 있다. 내 글은 어느 누구도 아닌 오로지 나만이 쓸 수 있다. 내 글을 쓸 수 있는 사람은 오로지 나다. 노력 없이 좋은 글이 나올 수 없다는 것을 알면 지금부터 노력하면 된다. 글 쓰는 노력이 바로 당신의 재능이다!

타고난 사람만이 글을 잘 쓸 수 있을까?
아니다. 누구나 글을 잘 쓸 수 있다. 지금부터라도 글을 쓰면 된다.
타고난 재능이 아닌 노력으로 얼마든지 좋은 글을 쓸 수 있다.
글 쓰는 노력이 바로 당신의 재능이다!

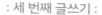

문학 작품을
쓰는 것이 아니다

누구나 할 수 있다는 것이 글쓰기의 가장 큰 장점이다. 다만, 좀 더 잘 쓰고 싶을 때부터가 문제다. 타고난 글쟁이라고 찬사를 받는 작가의 글을 읽으면 내가 쓴 글은 정말 보잘것없게 느껴진다. 착각하지 말자! 당신이 그토록 감탄해 마지않는 글을 쓴 사람은 문학 작품을 써온 전문 작가다.

글쓰기는 재능이 아니라 노력으로 이루어진다. 이 말은 진리다. 어느 누구도 노력 없이 좋은 결과를 만들어내지 못한다. 그러나 저마다 재능은 다르다. 이 말도 진리다. 사람마다 타고난 재능은 어느 정도 차이가 있다. 어릴 때부터 '천재' 소리를 듣는 사람들이 있다. 유독 예술 분야에 그런 사람이 많다. 그들은 자신의 분야에서 독보적인 재능과 끊임없는 연습으로 정상의 자리를 지키고 명성을 얻는다.

타이거 우즈는 생후 6개월부터 골프공을 가지고 놀았고, 세 살에 골프를 시작해 성인이 되어 메이저 4연승을 통해 그랜드슬램이 아닌 '타이거슬램'이라는 찬사를 받았다. 네 살 때 처음으로 바이올린을 배우기 시작했고 아홉 살 때 첫 음반을 EMI사에서 출시해 세계 최연소 레코딩 기록을 가지고 있는 장영주는 1년 연주 스케줄이 전부 차 있다. 스페인 말라가에서 태어나 말을 배울 때부터 그림을 그리기 시작한 피카소는 현대미술의 거장으로 불린다.

우리는 그들의 뛰어난 업적에 감탄하고 칭송하며 부러워할 뿐 감히 따라 할 엄두는 내지 못한다. 그렇지만 글쓰기는 누구나 할 수 있다. 마음먹으면 당장에라도 가능하다. 누구나 할 수 있다는 것이 글쓰기의 가장 큰 장점이다.

다만, 아무 생각 없이 글을 쓸 때는 괜찮은데 좀 더 잘 쓰고 싶을 때부터 문제가 생긴다. 갑자기 내 글이 너무 초라해 보이고 남에게 보여주기 부끄러워진다. 이런 글은 도저히 계속 쓰기 어렵다. 타고난 글쟁이라고 찬사를 받는 작가의 글을 읽으면 내가 쓴 글은 정말 보잘것없게 느껴진다. 어쩌면 이렇게 세부묘사를 실감 나게 하고 상황을 맛깔스럽게 표현하는지 좌절과 절망에 휩싸인다. 아무리 노력해도 위대한 작가의 글 근처에도 가지 못할 것 같아 글을 쓰려는 의지마저 사라진다. 내가 쓴 글은 '글도 아니다'라는 자괴감에 빠진다.

착각하지 말자! 당신이 그토록 감탄해 마지않는 글을 쓴 사람은 문학 작품을 써온 전문 작가다. 글에도 여러 종류가 있다. 멋진 글을 쓰는 작가는 우리와는 다른 존재라고 인정하면 된다.

쓰려는 글이 문학 작품인가? 우리가 쓰려는 글은 결코 문학 작품이 아니다. 당신 꿈이 뛰어난 문학 작품을 집필하는 것인가? 그런 사람이 이 글을 읽을 리 없다. '그들만의 리그'가 있다. 문학 작품을 쓰려는 사람은 따로 정해진 루트가 있고 노력하는 방법도 다르다. 엄연히 지금 내가 쓰는 글과는 다른 영역에 있다.

대형 서점에 가면 책이 어마어마하게 많다. 서점에 있는 모든 책이 문학 작품은 아니다. 수많은 책이 분야별로 나누어져 있다. 소설, 시, 실용서, 과학서, 잡지 등등. 서점에 있는 책 중에 문학 작품은 3분의 1 정도밖에 되지 않는다. 3분의 2는 문학이 아닌 다른 분야의 책이다. 문학 작품보다 다른 분야 책이 더 많이 팔리는 실정이다. 이 책들은 글의 완성도로 볼 때 문학서보다 뛰어나다고 볼 수 없다.

아무리 좋은 글이라고 칭찬을 받아도 문학 작품을 쓴 작가의 글을 쫓아갈 수는 없다. 내가 쓴 글은 문학 작품이 아니라는 것을 알아야 한다. 나는 거의 매일 블로그에 글을 올린다. 서평, 영화 리뷰, 방송 리뷰 등이다. 그 외에 잡문이라 할 수 있는 이런저런 글도 올렸고, 이를 바탕으로 책도 열네 권 냈다(이 책이 나온 뒤에는 몇 권 더 출간될 것이다). 그중에 문학 작품은 단 한 권도 없다. 신기하게도 사람들이 내게 글을 잘 쓴다는 이야기를 한다. 난 문학 작품을 써본 적이 없다. 내가 아무리 노력하고 노력해도 문학 작품을 쓰는 작가처럼 맛깔스러운 글은 쓰지 못할 것이다.

내 경우 외국 번역물은 번역의 한계 때문인지 글의 미묘한 재미를 느끼기 힘들지만 국내 소설가가 쓴 작품에선 글맛을 느낀다. 그중에서 작법이 독특하고, 내용도 재미있을 뿐만 아니라 많은 공감을 불러일으키는 박민규의 장편소설《죽은 왕녀를 위한 파반느》의 첫 시작은 다음과 같다.

그해의 첫눈이 내린 날이었고, 열아홉 살이던 내가… 정확히 스무 살이 되던 날이었다. 길고 쓸쓸히 이어진 빈 논과 드문, 드문 서 있던 나무들… 창밖의 어둠과, 덜컹이며 교외를 달리던 버스가 생각난다. 아무리 달려도 아무도 서 있을 것 같지 않은 풍경이었다. 있을…까? 그, 팔이 부러진 허수아비 같은 표지판과 작은 정류장이 보일 때까지도 그런 생각을 했던 것 같다. 하모니카로 부는 올드 랭 사인이 잡음이 심한 라디오에서 흘러나오고 있었다. 있을… 거라고 서늘한 창에 이마를 기댄 채 나는 생각했다. 어스름도 사라지고… 줄곧 따라붙던 밤이 버스를 저만치 앞질러 간 느낌이었다. 지나쳐도 하나 이상하지 않을 그 정류장을, 십여 미터쯤 지나친 뒤에야 버스는 멈춰 섰다. 기울어진 표지판의 그림자가 끝난 곳에서 그녀는 눈을 맞으며 서 있었다.

아마 죽었다 깨어나도 난 도저히 이런 글을 쓸 수 없을 것이다. 이런 문장은 내가 노력한다고 해서 얻을 수 있는 것이 아니다. 아무리 노력해도 나는 이 같은 형식으로 글을 쓸 수 없다. 그렇다고 내가 절필할 이유는 없다. 내가 쓰는 글은 결코 문학 작품이 아니다. 나는 생각을 전달하기 위해 글을 쓴다. 유명 작가처럼 쓰려고 들다가 겉멋에 드느니 할 말을 정확하게 군더더기 없이 쓰는 편이 훨씬 더 좋다.

파워블로거 핑크팬더의 블로그 글쓰기

문학 작품과 달리 우리가 쓰는 글의 핵심이다.

소설가 김훈은 《칼의 노래》에서 첫 문장을 '꽃은 피었다'로 할지, '꽃이 피었다'로 할지 한참 동안 고민했다고 한다. 전자는 객관적 진실이지만 후자는 주관적 정서가 들어 있다. 김훈은 어떤 조사를 쓸지 망설이다가 한동안 글을 진전시키지 못했다고 한다.

문학 작품을 쓰는 사람의 노력은 이 정도다. 나는 단 한 번도 조사 때문에 고민해본 적이 없다. 문장과 문장이 원하는 내용으로 이어지는지 관심을 가지기는 했어도 말이다. 지금까지 써 내려간 이 글도 문학 작품과 비교해보면 허접할 것이다.

나는 살아 있는 생생한 글을 어떻게 쓰는지 모른다. 당신이 쓰려고 하는 글도 분명 문학 작품이 아닐 것이다. 꼭 멋진 글을 써야 할 이유는 없다. 빼어난 문장을 구사하려고 하기보다는 우선 내용에 충실하면 된다. 많은 사람이 내용에 감동한다. 문학 작품도 문장과 내용이 어우러져 우리에게 감동을 준다.

멋진 작품을 만들려고 의식적으로 노력할 필요는 없다. 글을 쓰는 행위 자체에만 집중하자. 글을 열심히 쓰다가 문학 작품에 욕심이 생기면 그때 쓰면 된다. 지금 당장은 문학 작품을 쓰는 것이 아니다. 그냥 쓰자! 쓰고 싶은 글을 손 가는 대로.

완벽한 글은 없다

글을 쓰려는 사람은 완벽한 글을 쓰려고 노력하는 것이
얼마나 허무맹랑하고 터무니없는지 알아야 한다.
완벽한 글은 글로 먹고사는 프로 글쟁이도 못 쓴다.
프로 글쟁이의 글에도 허점은 수두룩하다.

"오, 신이시여! 진정 이것이 제가 쓴 글이란 말입니까?"

이렇게 외치는 작가가 있을까? 절대로 없다. 어떤 작가도 자신의
작품이 더없이 훌륭하다고 생각하지 않는다. 어디까지나 다른 사람
이 그렇게 평가해줄 뿐이다. 당대에는 아무런 빛을 보지 못하다가
사후 재평가를 통해 걸작의 반열에 오르는 작품들이 있다. 작가 스
스로 훌륭하다고 평한 작품치고 사람들에게 널리 인정받는 작품은

없는 듯하다.

교양인이 꼭 읽어야 할 고전으로 분류되는 톨스토이의 《안나 카레니나》, 빅토르 위고의 《레 미제라블》, 도스토옙스키의 《죄와 벌》, 헤밍웨이의 《노인과 바다》, 샬럿 브론테의 《제인 에어》 등의 소설은 흔히 걸작이라고 일컬어지지만 완벽한 글은 아니다. 완벽한 글은 과거에 없었고, 지금도 없고, 앞으로도 없을 것이다. 완벽한 글은 탄생할 수 없기 때문이다.

군이 완벽한 글에 부합하는 조건을 들자면 다음과 같을 수 있다.

글 내용에 주제가 명확하게 서술되어야 한다.
어느 누가 읽어도 이해할 수 있게 쓰여야 한다.
글의 분량이 너무 짧지도 길지도 않아야 한다.
사실에 근거해 거짓된 정보가 없어야 한다.
분명한 출처를 통해 내용을 전달해야 한다.
편견에 사로잡히지 않은 글이어야 한다.
맞춤법과 띄어쓰기가 정확해야 한다.
읽을 때 매력이 느껴져야 한다.

여기서는 아주 일부만 언급했지만, 완벽한 글을 쓰기 위해서는 따져봐야 할 게 너무 많다. 그 모든 것을 충족하는 글을 쓰는 사람은 없다. 아무리 타고난 글쟁이나 천재 작가라고 해도 완벽한 글의 모든 조건에 부합하는 글을 쓸 수는 없다. 위대한 작가는 이런 것들이 있는지조차 알지 못하고 글을 썼을 것이다.

글을 쓰기 두려워하는 사람들이 갖는 공통점은 바로 완벽한 글을 쓰려고 노력한다는 것이다. 완벽한 글이 존재하지 않는데 완벽한 글을 쓸 수는 없다. 완벽한 글에 대한 정답이 없는데 어떻게 완벽하다고 인정받을 수 있을까? 우리는 훌륭한 작품을 읽고서 완벽한 글이라며 감탄하지 않는다. 작품에서 추구하는 가치와 정신, 그것들을 표현하는 방식이나 형상화 등에 공감하고 감동받을 뿐이다. 고전의 경우, 시대가 지나도 보편타당한 정신과 인간에 대한 깊은 통찰이 있어서 읽는 것이지 완벽한 글이어서 지금까지 사람들의 선택을 받는 것이 아니다.

누구나 완벽한 글을 추구하며 노력할 수 있다. 그것이 자신의 실력을 높이려고 스스로 독려하거나 계속 노력하는 데 동기부여가 된다. 그러나 평생 써도 도달하지 못할 경지가 바로 완벽한 글이다. 완벽한 글은 사람들에게 사랑받고 비평가로부터 인정받는 작가들마저 도달할 수 없는 영역이다.

시계가 축 늘어진 〈기억의 고집〉이라는 그림을 발표하며 다다이즘을 이끌었던 살바도르 달리는 "완벽을 추구하지 말라. 절대로 달성할 수 없다!"라는 말을 했다. 달리는 '천재'라는 소리를 듣던 화가였다. 사후에 들었던 것이 아니라 살아생전에 들었다. 천재 소리를 듣던 살바도르 달리마저 완벽을 추구하지 말라고 이야기한다. 현재 자신이 할 수 있는 최선의 노력을 하는 것이 중요할 뿐이다.

글을 쓰려는 사람은 완벽한 글을 쓰려고 노력하는 것이 얼마나 허무맹랑하고 터무니없는지 알아야 한다. 완벽한 글은 글로 먹고사는 프로 글쟁이도 못 쓴다. 프로 글쟁이의 글에도 허점은 수두룩하다. 맞춤법이나 띄어쓰기가 문제될 때도 있고 자신의 주장을 아무런 근거 없이 무작정 밀어붙이기도 한다. 심지어 지독한 편견에 사로잡혀 독자를 불편하게 만들기도 한다.

완벽한 글이 아니어도 사람들의 주목을 받고 수익까지 내는 작가들이 적지 않다. 전업 작가나 저술가가 아닌 당신이 완벽한 글을 쓰지 못해 글쓰기가 두렵다고 한다면 웃음거리밖에 안 된다. 내가 쓴 글이 완벽하지 못할까 봐 주저한다면 평생 글을 쓰지 못한다. '군더더기 없이 흠잡을 데 없는 글'은 완벽한 글을 의미하지 않는다. 내용을 군더더기 없이 잘 전달했다는 의미다. 맞춤법과 띄어쓰기가 하나도 틀리지 않은 글이 완벽한 글은 아니다. 감정과 전달 내용을 강조하기 위해 맞춤법과 띄어쓰기를 일부러 틀리게 쓰는 작가도 있다. 완벽하다는 것은 더 이상 도달할 곳이 없음을 뜻하는데, 그런 글은 존재할 수 없다. 완벽한 글은 상상 속에서나 존재하는 환상이라 생각하고 글을 써라. 글을 쓸 때 완벽을 추구하는 노력은 좋은 결과를 낳을 수 있지만, 자신의 글이 너무 모자라고 완벽하지 못하다며 자책하고 글을 쓰지 않으려 하는 것은 잘못되어도 한참 잘못되었다. 우리는 완벽하지 않아서 글을 쓴다. 완벽한 글을 쓰려고 하는 것이 아니라 좋은 내용을 글로 표현하기 위해 글솜씨가 부족해도 쓰는 것이다.

완벽한 글이란 없다. 위대한 작가가 쓴 글이나 내가 쓴 글이나 똑같이 완벽하지 않다. 모자란 대로 쓰는 것이다. 그러니 계속 쓰자.

지식을
총동원하라

아무것도 알지 못하는 사람이 글을 쓰는 것은 솔직히 말해 힘들다.
글은 자신이 쓰고자 하는 것에 지식이 있어야 쓸 수 있다.
느낌만으로 글을 쓸 수도 있고 본 것을 묘사하는 것만으로도
글을 쓸 수 있다. 하지만 이런 글은 분명 한계가 있다.
지식이 함께 어우러졌을 때 비로소 글은 매력을 지니게 된다.

글에는 한 개인의 모든 것이 들어 있다. 자신이 지금까지 쓴 글을
한번 되돌아보자. 어떤 글을 썼는지 확인해보면 생각지도 못한 사실
을 발견하게 된다. 절대로 자신이 가지고 있는 인식의 범위를 넘어서
지 못했다는 사실이다. 한 개인의 인식은 지식을 초월할 수 없다. 상
상과 공상을 통한 기존에 없던 색다른 창작도 따지고 보면 지식에
뿌리를 두고 있다. 자신이 가진 지식을 토대로 가공해 나온 결과물

이 창작품이 된다.

모든 사람의 글은 대부분 글쓴이가 알고 있는 인식의 범위를 넘어서지 못한다. 수필을 읽어보면 일상적으로 벌어지는 일과 경험이 담겨 있다. 유원지에 가서 보고 듣고 느낀 것, 어떤 사람과의 만남, 자신의 직업과 관련된 지식, 내가 관심을 가진 분야 등이 글로 표현된다. 글은 지식을 전달하는 식자층의 고유한 도구는 아니지만, 글 내용은 대체적으로 그 글을 쓰는 사람의 지식 안에서 구성된다.

일상사를 소재로 글을 쓰는 것에 무리는 없다. 매일 벌어지는 온갖 일을 나만의 관점으로 새롭게 바라보고 쓴 글도 놀라운 감동을 안겨준다. 하지만 사람들은 대부분 반복되는 생활에 식상해하면서 일상을 소재로 글 쓰는 것을 재미없어 한다.

예전에는 특별하고 대단한 사람만 종이 매체를 통해 글을 쓴다고 여겨졌지만 지금은 글을 올릴 수 있는 여러 매체가 등장했다. 블로그는 그 대표적인 매체로 단문 위주의 SNS와는 달리 장문 위주의 글을 올린다. 블로그에 부담 없이 일상을 다룬 글을 올리지만 어느 순간부터는 쓸거리가 떨어지며 지루함을 느끼게 된다. 글을 쓰기 위해 주말마다 여행하거나 돌아다니는 것도 힘들고 억지로 이벤트를 열어 그 과정을 글로 쓰는 것도 하루이틀이다.

그래서 블로거들은 조금씩 쓰는 글의 분야를 다양화한다. 인터넷에서 화제가 되는 연예인의 충격적인 가십을 쓰기도 하고 영화를 본 뒤 리뷰를 쓰기도 한다. 맛집에 대한 글도 올리지만 사진이 위주가 되어야 하고 방문한 맛집이 많지 않아 힘들다. 갈수록 글쓰기가 부담스럽고 막막해진다. 어느 순간부터 차일피일 글쓰기를 미룬다. 글을 쓴 지 어느덧 일주일도 더 지났다는 것을 깨닫는다. 쓸거리도 얼마 되지 않고 글을 꼭 써야 할 이유도 없다 보니 처음 각오와는 달리 블로그 글쓰기는 서서히 추억으로 남게 된다.

이 세상을 살아가는 모든 사람이 자신만의 고유한 영역을 가지고 있다. 누구도 흉내 내지 못하는 자신이 걸어온 길이 있고, 오랜 시간 일했던 직장에서의 고유한 업무 능력이 있고, 지속적인 관심으로 지식을 축적했던 분야가 있다. 나만이 할 수 있는 글쓰기는 바로 여기에서 출발한다. 부족한 지식과 경험을 밑천으로 삼아 글을 쓰는 것에 부담을 느끼겠지만 개의치 않아도 된다. 부족하면 부족한 만큼 쓰면 그만이다. 글을 쓰는 당신도 글을 읽는 사람도 딱 그만큼을 원한다.

이제 막 회사에 들어온 사원에게 가장 좋은 선배는 사장도 부장도 과장도 대리도 아니다. 입사한 지 딱 1년이 된 사원이다. 최근에 자신이 경험한 시행착오를 누구보다 잘 알고 있는 사람이다. 입사한 지 오래된 사원은 신입 사원이 현재 무엇을 어려워하는지 대충은 알아도 구체적으로는 잘 모른다. 1년 차 사원은 자신이 신입 시절에 경험한 일들을 생생하게 기억하고 있다. 그렇기 때문에 신입 사원에게는 오랜 경험을 지닌 고참이 해주는 충고보다는 1년 차 사원이 해주는 충고가 훨씬 더 도움이 된다.

현재 가지고 있는 딱 그만큼의 지식이 당신이 쓰려고 하는 글의 범위일 수 있다. 하지만 거꾸로 보면 당신의 글은 그 분야에 이제 막 관심을 두는 사람에게는 가장 확실하고 정확하게 가려운 곳을 긁어주는 글이 된다. 당신보다 더 잘 쓸 수 있는 사람은 없다.

본격적인 글쓰기를 서평으로 시작한 나는 어느 순간 지금까지 내가 투자하려고 공부한 내용을 정리해보기로 마음먹었다. 지난 10년 동안 투자 관련 책을 매년 100권 이상씩 열심히 읽었고, 직접 투자도 했고, 나름대로 이런저런 생각도 했으니 이와 관련한 내 이야기를 써야겠다는 판단을 내렸다. 그 뒤로도 계속 꾸준히 블로그에 투자 관련 글을 올렸다. 그런 글을 토대로 《후천적 부자》라는 책까지 출판할 수 있었다.

투자에 관한 글을 블로그에 올릴 당시에 내가 가지고 있던 지식은 그 글을 책으로 출판하기 위해 다듬고 새로운 내용을 추가하면서 더욱 늘어났다. 원칙과 근본에서는 큰 변화가 없지만 세세한 부분이 풍부해지는 것이 지식의 성장이다. 어제 쌓은 지식이 오늘 잘못되었음을 깨닫는 것도 지식의 성장이다. 지금 내가 가진 지식을 토대로 글을 쓰지만, 이 지식은 나중에 얼마든지 변할 수 있다. 지식이 좁고 얕다며 망설이고 글을 못 쓸 이유가 없다.

갈릴레오 갈릴레이가 지구가 태양 주위를 돈다고 밝히기 전까지 인류는 태양이 지구 주위를 돈다고 알고 있었다. 이처럼 지식은 늘 변하게 되어 있다. 내 지식이 부족하다는 사실을 깨닫기 때문에 지속적으로 그 분야의 글을 쓸 수 있는 것이다. 글은 가진 지식을 정리하기 위해 쓰기도 하고 모자란 지식을 습득하기 위해 공부하며 쓰기도 한다.

아무것도 알지 못하는 사람이 글을 쓰는 것은 솔직히 말해 힘들다. 글은 자신이 쓰고자 하는 것에 지식이 있어야 쓸 수 있다. 느낌만으로 글을 쓸 수도 있고 본 것을 묘사하는 것만으로도 글을 쓸 수 있다. 하지만 이런 글은 분명 한계가 있다. 지식이 함께 어우러졌을 때 비로소 글은 매력을 지니게 된다.

맛집을 방문해 먹은 음식에 대해 글을 쓴다고 가정해보자.

"인도 카레 맛은 정말 훌륭했다. 매운맛을 혀로 느끼는 순간 달콤한 맛이 혀 전체를 감쌌다."

이렇게 쓸 수도 있다. 하지만 이것은 또 어떤가.

"카레 요리가 인도에서 유래한 것은 알았지만 인도의 카레로 만든 요리는 확실히 달랐다. 혀는 강렬한 자극부터 받아들이기 마련이라, 먼저 내 혀끝에 매운맛이 느껴졌다. 표시된 매운맛 5단계 중 4단계를 선택했는데, 역시 한 단계 낮춰 먹었어야 했다고 후회하는 그 순간 생각지도 못한 달콤함이 느껴졌다. 도대체 이 맛은 어떤 재료에서 나왔는지 정말 궁금했다."

최대한 지식을 동원해 글을 쓰면 그 글이 훨씬 더 풍부해지고 매력적으로 변하면서 읽는 사람의 상상력을 자극한다. 지식이 부족하다고 자책할 필요가 없다. 고등학교를 마칠 때까지 얻은 지식만으로도 얼마든지 글을 잘 쓸 수 있다. 당신은 전문 학술지에 발표할 논문을 쓰는 것이 아니다. 솔직히 그런 학술지에 실린 글은 매력이 없고 읽는 재미는 더더욱 없다. 당신이 부족한 지식으로 쓴 글이 백배 재미있고 유익하다. 그러니 걱정하지 말라!

: 세 번째 글쓰기 :

쓰기의 기본은
읽기

"글을 쓰고 싶다면 책을 읽어야 해요. 알지 못하면 아무것도
쓸 수가 없으니까요. 독서는 취미가 아닙니다. 일이에요.
독서는 전략이고 치열한 삶의 현장입니다.
이젠 생존 독서를 해야 합니다."

글쓰기를 힘들어하고 어려워하는 사람에게 필요한 가장 빠르고
확실한 방법이 있다. 매일 글을 쓰는 것이다. 방법은 이처럼 단순하
다. 매일 쓰다 보면 글쓰기의 실력은 나아진다. 매일 글을 쓴다고 글
의 내용이 좋아지고 훌륭해진다는 보장이 있을까? 이런 생각과 고
민은 글쓰기를 하고 나서 해도 된다. 열심히 노력하면 글쓰기 실력은
늘 수밖에 없다.

복잡다단한 세상에 살고 있다지만 의외로 세상은 단순하다. 훌륭한 글을 쓰고 싶다면 많이 쓰는 것 못지않게 책을 많이 읽어야 한다. 인풋이 없는데 아웃풋을 바라는 것은 요행을 바란다는 말과 똑같다. 아무리 쥐어짜도 마른 수건에서는 물이 나오지 않는다. 젖은 수건은 마를 때까지 물이 나온다. 앞에서 지식을 총동원하라고 이야기했는데, 이 말은 결국 많이 읽어야 한다는 의미다.

독서만큼 좋은 방법은 없겠지만 꼭 독서일 필요는 없다. 현대에는 인터넷이라는 엄청난 지식 공유 공간이 존재한다. 인터넷으로 우리가 원하는 모든 지식을 언제든 즉시 구할 수 있다. 궁금한 정보는 인터넷으로 몇 번만 검색하면 찾을 수 있다. 그 외에도 인터넷에는 내가 원하는 정보를 체계적으로 잘 구축해놓은 사람이 존재한다. 이들의 글을 읽는 것만으로도 엄청난 인풋이 당신에게 들어가 훌륭한 아웃풋이 나올 토대가 마련될 수 있다.

그럼에도 독서를 권하는 이유는 가장 체계적으로 원하는 지식과 정보를 습득할 수 있기 때문이다. 아직까지 인류에게 독서를 뛰어넘는 지식 정보 전달 수단은 없어 보인다. 글을 쓰는 사람이 책을 읽지 않는다는 말은 글을 쓸 마음이 없다는 말과 이음동의어다. 좋은 글을 읽지 않으면 좋은 글을 쓸 수 없다. 너무나 당연한 이치인데 이것을 모르는 사람이 많다. 남의 글을 읽지도 않으면서 다른 사람이 자신의 글을 읽어주길 바라는 것은 도둑놈 심보에 지나지 않는다.

국내에 '통섭統攝'이라는 개념을 소개한 생태과학자이면서 베스트셀러 저자이기도 한 최재천은 《명사들의 문장강화》에서 이런 이야기를 했다.

글을 쓰고 싶다면 책을 읽어야 해요. 알지 못하면 아무것도 쓸 수가 없으니까요. 독서를 취미로 생각하는 분들도 있겠지만 독서는 취미가 아닙니다. 일이에요. 독서는 전략이고 치열한 삶의 현장입니다. (……) 기획 독서를 하세요. 내가 모르는 분야의 책을 사서 씨름하며 읽어도 보고 같은 주제로 연관된 책들을 기획해서 읽어보는 것도 아주 좋습니다. 그래서 새로운 내 지식의 영역을 넓히세요. 취미로 하는 독서보다 훨씬 값질 겁니다. 이젠 생존 독서를 하셔야 합니다. 어느 정도 인생을 살아보니까, 이 세상 모든 일의 끝에는 글쓰기가 있더라고요.

문학잡지에서도 원고를 청탁할 만큼 글을 잘 쓰는 최재천은 어릴 때부터 《한국단편문학전집》을 비롯한 책을 많이 읽어 이미 인풋이 가득 찬 상태였다. 그는 자기 내면에 들어있는 것을 글로 풀어내기 위해 따로 글쓰기 수업을 들을 정도로 노력했다고 한다. 최재천 같은 작가도 글을 쓰려면 책을 읽어야 한다고 말한다.

글을 꾸준히 쓰고 있는데도 글솜씨가 전혀 늘지 않는다고 하소연하는 사람을 보게 된다. 이런 사람에게 가장 좋은 방법은 읽는 것이다.

견물생심見物生心이라는 말이 있다. 물건을 계속 보면 가지고 싶은 욕심이 생긴다는 뜻인데, 좋은 글도 이와 마찬가지로 좋은 글을 계속 읽다 보면 나도 모르게 자연스럽게 나오게 되어 있다. 지금까지 책을 읽으면서 마음에 든 작품이 있다면, 그 작품을 수없이 읽는 것은 글쓰기에 큰 도움이 된다. 그러다 보면 글을 쓸 때 본의 아니게 그 작품을 쓴 작가의 문장을 흉내 낼 수도 있겠지만, 아직 내 문장을 갖추지 못한 상태에서 그 정도는 큰 문제가 되지 않는다.

국내 프로 야구 선수나 축구 선수의 인터뷰를 볼 기회가 있었을 것이다. 그들은 메이저리그나 유럽 축구 경기를 수시로 보면서 자랐다는 이야기를 하곤 한다. 뛰어난 외국 선수의 경기 모습을 보면서 커왔고 그들처럼 되기 위해 흉내 낸 적도 많았다고 한다. 그 덕분에 자신의 실력이 일취월장했고 자신만의 플레이를 펼칠 수 있었다고 고백한다. 어느 누구도 하루 종일 연습만 해서 실력이 늘었다고 하지 않는다. 프로 선수가 된 지금도 TV 화면을 통해 그들의 플레이를 관찰한다고 말한다.

나 역시 책을 통해 글쓰기 프로의 플레이를 어지간히 살펴보았다. 1년에 100권이 넘는 책을 10년 이상 꾸준히 읽었다. 한마디로 쉬지 않고 머리에 인풋했다. 인풋이 쌓이고 쌓이다 보니 어느 순간 나도 모르게 아웃풋이 생기기 시작했다. 독서를 꾸준히 하다가 어느 날 나도 모르게 쓰기에 대한 갈증을 느낀 듯하다.

읽은 것을 누구에게 말하고 싶었던 게 아닐까? 읽은 것을 무언가로 해소하는 방법이 내겐 쓰기였던 듯하다. 지금에 와서 생각해보니 읽기라는 인풋이 지속적으로 쌓이고 더 이상 쌓일 곳간이 없어지자 쓰기라는 행위를 통해 아웃풋이 도출되었다. 고인 물이 썩는 것처럼 머릿속에 고인 수많은 지식과 사고가 썩기 전에 무의식이 내게 쓰라고 명령을 내린 듯하다.

책을 많이 읽기 전에는 지금처럼 매일 글을 쓸 것이라고는 상상도 하지 못했다. 내 경우에는 독서가 글쓰기로 자연스럽게 연결되었다. 이제 글을 쓰는 것은 어떤 고민이나 망설임 없이 살아가는 것과 똑같게 되었다.

아무리 많이 써도 글솜씨가 늘지 않는다고 느껴질 때가 온다. 뻔한 내용으로 쓴 글에는 발전이 없다. 이런저런 단어의 조합과 문장 배치 등 기술적인 측면으로만 글쓰기 실력이 늘면 공허할 뿐이다. 아무리 문장이 좋아도 내용이 받쳐주지 못하면 단지 단어의 나열에 지나지 않는다. 이런 글을 읽는 것은 고역이다.

글쓰기가 어렵고 힘들고 막막하면 열심히 읽어라. 쓰기의 기본은 읽기다. 읽다 보면 나도 모르게 쓰고 싶은 내용이 저절로 떠오른다. 그때는 마음을 다잡고 글을 쓰는 것이 아니라 자연스럽게 숨을 쉬는 것처럼 글을 쓰는 자신을 발견하게 된다.

글을 읽는다고 반드시 글을 쓰는 것은 아니다. 하지만 글을 쓰려고 한다면 읽어야 한다. 주변에서 벌어지는 모든 일에 호기심이 넘치고 언제나 세상과 삶에 대한 사고와 사유가 이뤄진다면 읽지 않아도 될지 모르겠다. 그렇지 못한 나는 읽었다. 그랬더니 쓰게 되었다.

: 세 번째 글쓰기 :

글쓰기도
공부를 하라

글쓰기를 공부하라는 말이 부담스럽고
'꼭 그렇게까지 해야 하나?' 하는 생각이 들 수도 있다.
그러나 글쓰기 공부는 거창하지 않다.
이런저런 책을 읽거나 글쓰기 강연을 듣거나 하는 것이 다 공부다.

나는 이미 열네 권의 책을 펴냈다. 개정판까지 포함한다면 열여덟 권이다. 어느덧 사람들이 내게 '작가님'이라는 호칭으로 부르고 있다. 낯간지럽기 짝이 없지만 출간된 책의 권수를 볼 때 '작가'라고 호칭하지 않는 게 더 이상하다. 내가 작가라 불리는 것은 매일같이 끊임없이 블로그에 글을 쓴 덕분이다. 블로그에 글을 쓰는 것을 글쓰기 연습이라고 생각할 정도로 난 하루도 빼놓지 않고 쓰고 있다.

나는 지금까지 새로운 것을 시작하기 전에는 늘 책으로 충분히 공부했다. 몇 권의 바둑책을 읽은 뒤에 본격적으로 바둑을 둬서 꽤 높은 수준에 오른 안철수 정도는 아니어도, 나는 대부분 이론부터 익힌 뒤에 행동으로 옮겼다.

글쓰기는 그 반대였다. 그저 썼다. 중학생 때부터 자발적으로 일기를 쓰면서, 별생각 없이 자연스럽게 글을 쓰게 되었다. 아무런 부담 없이 글을 썼다. 글이란 내 생각을 제대로 전달하는 수단이라 생각했기에 쓰면 그만이었다. 잘 썼고 못 썼고를 생각해본 적이 없고 그저 글을 썼을 뿐이다.

글을 쓰면서 의식적으로 좀 더 잘 쓰려고 노력은 했다. 한 문장에서 같은 단어를 반복해 쓰지 않으려고 한 것도 이런 노력의 하나였다. 중복되는 단어를 다른 단어로 대체하면서 글이 좀 더 깔끔해졌다. 글을 잘 쓰기 위해서는 계속 글을 써야 한다고 믿었다. 바보가 아닌 다음에야 이것저것 따지지 않고 글을 쓰면 결국에는 좋은 글이 써질 것이라 생각했다.

몇 년이 지나고 책까지 내면서 스스로 부족하다고 느꼈지만 잘못한다는 생각은 하지 않았다. 여러 출판사의 편집자를 만나면서 깨달은 것은 저마다 글을 재는 잣대가 다르고 글쓰기에 정답은 없으니 내가 열심히 글을 써서 생각을 전달하면 되겠다는 사실이다. 사람마다 개성이 다르듯이 글에도 각자의 개성이 묻어나온다고 봤다. 그리고 이렇게 계속 글을 쓰면 조금씩 글을 더 잘 쓰게 될 것이라는 믿음이 있었다. 그러면서 뜻하지 않게 글쓰기나 책 쓰기에 대한 강의를 꿈꾸게 되었고, 이에 대한 준비를 하게 되었다.

정말 노래를 잘하는 사람이 있었다. 누구나 다 인정하는 재즈 가수였다. 영혼을 울린다는 표현처럼 단순히 노래를 잘하는 것이 아니라 감정까지 넣어 노래하는 가수였다. 우연히 그 재즈 가수에게 노래를 배울 기회가 있었다. 노래 실력이 엄청나게 뛰어난 재즈 가수였지만 가르치는 것은 서툴렀다. 가르치는 게 처음이라 그런지 어떻게 해야 그런 발성을 할 수 있는지 설명하는 것을 힘들어했다. 타고난 성량과 노력으로 가창력을 갖췄지만, 타인에게 설명하지 못해 답답해하는 모습이 보였다.

마찬가지로 내가 글을 쓰는 것과 누구를 가르치는 것은 완전히 다른 영역 같았다. 글쓰기와 책 쓰기에 대한 책을 읽기 시작했다. 책쓰기를 가르치는 것은 내가 이미 몇 권의 책을 냈기에 쉬워 보였다. 몇몇 스킬과 요령을 알려주면 된다는 것을 책을 통해 배웠다. 하지만 글쓰기는 달랐다. 책 쓰기의 바탕은 글쓰기다. 지금까지 그저 죽어라 글을 쓰기만 한 나는 부족함을 깨달았다.

사람들이 글 내용을 트집 잡거나 딴지 걸 수 있지만 그것은 편협한 생각에서 비롯된 것이라 본다. 서로 생각이 다른 것을 인정하지 못하는 사람에게서 나는 가끔 비판이 아닌 비난을 받았다. 그러나 글 내용과 달리 글을 쓰는 형식에서는 부족한 점을 많이 깨달았다. 지금까지 내가 쓴 글은 나름의 노력을 통해 많이 정제되었다고 생각했는데 여전히 전달 방식이 미진하다는 것을 알았다.

덕분에 나는 남들이 느끼지 못해도 훨씬 더 좋은 글을 쓸 수 있게 되었다. 글쓰기와 관련된 책을 수십 권 읽어 중복되는 가르침을 내 글에 적용했다. 이것은 뒤에 가서 더욱 자세하게 다루려 한다. 그렇게 이미 다섯 권의 책을 낸 뒤에 글쓰기를 별도로 공부했다. 정확하게는 네 권의 책을 내고 다섯 권째 책의 원고를 다 넘긴 시점이었다.

앞에서 지속적으로 이야기했듯이 글쓰기에서 가장 중요한 것은 계속 글을 쓰는 것이다. 이보다 더 중요한 원칙은 없다. 다른 것과는 달리 따로 공부하지 않아도 얼마든지 글쓰기를 할 수 있다. 그렇다고 계속 글을 쓰기만 할 수는 없다. 어느 순간 자신의 글에 부족함을 느껴 변화를 원하게 된다. 그때는 공부를 해야 한다.

어떤 글이 좋은 글이고, 어떻게 써야 글에 힘이 있고 사람들에게 더 강하게 전달되는지를 직접 글을 쓰면서 배우는 것도 중요하지만, 이미 그런 과정을 거친 사람의 글을 통해 배울 필요가 있다. 지금도 각종 문화센터 같은 곳에서 글쓰기 강연이나 강의가 이뤄지고 있다. 이곳에서는 부담을 가지지 말고 글을 쓰라는 데 주안점을 두고 가르칠 것이다. 그리고 각자가 쓴 글에 첨삭 지도도 해준다. 누가 첨삭 지도를 하느냐에 따라 글을 보태고 빼는 것은 천차만별이겠지만, 그런 과정을 통해 자신의 부족함을 깨닫고 발전할 수 있다.

자신이 어떤 장르의 글을 쓰느냐에 따라 공부해야 할 부분도 달라진다. 소설가나 소설가 지망생은 이야기를 서술하고 인물을 형상화하고 세계관을 창조하는 과정을 통해 글을 쓴다. 우리는 문학 작품을 쓰는 게 아니라고 앞서 말했듯이 형식에 구애받지 않고 편하게 쓰면 된다. 쓰고 싶은 대로 쓰면 된다. 그럼에도 공부해야 하는 것은 더 좋은 글을 쓰기 위해서다.

대학교에 문예창작과가 있다. 이 학과에서는 글 쓰는 방법을 가르치고 배운다. 이곳에서는 대체로 프로를 꿈꾸는 학생들이 시, 소설, 희곡, 시나리오, 평론 같은 문학 장르를 공부하고 습작한다. 그러나 우리가 현재 쓰려고 하는 글은 그리 거창한 장르가 아니다. 우리가 목표로 하는 글쓰기는 문예창작과에서 가르치는 대로 하는 것이 아니다. 그렇기에 배워야 할 것도 그리 많지 않다.

학생 때 억지로 하는 공부와 달리 스스로 부족한 점을 깨닫고 시작하는 공부는 습득 속도가 빠르다. 글쓰기는 혼자, 언제 어디서나 할 수 있기 때문에 실력은 공부한 만큼 눈에 띄게 향상된다. 발전 도상에 있는 사람들이 다 그렇듯이 일정 수준에 이르러 제자리걸음 현상을 겪을지라도 말이다.

글을 쓰려고 하는 당신에게 글을 잘 쓰기 위해 하는 공부가 재미있을까, 재미없을까? 물어보나 마나 한 말인 것 같다. 자신이 하고 싶은 공부가 재미없다면 굳이 할 필요가 없다. 억지로 글쓰기 공부를 하라는 말이 아니다. 억지로 쓰는 글이 좋을 리도 없고 발전할 리도 없다.

현재 당신이 이 글을 읽는 것은 글을 잘 쓰고 싶기 때문이다. 그렇지 않다면 당장 읽던 책을 덮고 다른 일을 하는 것이 유익하다. 이런 글을 읽는 것도 공부다. 남의 글을 읽어야 내 글을 좋게 쓸 수 있다. 잘 쓴 남의 글을 베껴 쓰는 것이 가장 좋은 글쓰기 공부 방법 중 하나이듯이.

글쓰기를 공부하라는 말이 부담스럽고 '꼭 그렇게까지 해야 하나?' 하는 생각이 들 수도 있다. 그러나 글쓰기 공부는 거창하지 않다. 이런저런 책을 읽거나 글쓰기 강연을 듣거나 하는 것이 다 공부다. 어렵고 힘들게 글쓰기 공부를 하는 것이 아니라 조금이라도 더 좋은 글을 쓰기 위해 자발적인 노력을 하는 것이다.

이 글이 당신의 글쓰기 공부에 도움이 되었는지 모르겠다. 큰 도움이 되었기를 바란다.

작가의 일에서 가장 중요하고 어려운 부분은 아마도 매일 일을 하는 시간 동안 상상력을 되살리는 일일 것이다.

폴 호건(Paul Hogan, 미국 소설가)

어떤 분야에서든 유능해지고 성공하기 위해 세 가지가 필요하다. 타고난 천성과 공부 그리고 부단한 노력이 그것이다.

헨리 워드 비처(Henry Ward Beecher, 미국 목사·흑인 노예 폐지론자)

수영도 하루아침에 잘할 수 없듯이 글쓰기에도 연습이 필요하다.

게일 카슨 레빈(Gail Carson Levine, 미국 아동문학가)

가장 훌륭한 시는 아직 써지지 않았다.

나짐 히크메트(Nazim Hikmet, 터키 시인)

노트가 훌륭할수록 나는 뭔가 실수를 하고 싶은, 단어 하나를 틀리게 쓰고 문장 하나를 그어버리고 싶은 욕망이 커진다. 건강한 불완전함을 창조해내고 싶기 때문이다.

댄 밀먼(Dan Millman, 미국 저술가)

사무엘 베케트는 책상 위에 "실패하라. 다시 실패하라. 더 낫게 실패하라."라는 글이 적힌 판지를 걸어놓았다. 글 쓰는 일은 참으로 못 해먹을 일이다. 언어의 복병을 만나면 종이에 어떤 부호를 써도 머릿속에서 울리는 그 단어의 음악에, 그 순수한 이미지에 들어맞지 않는다.

메리 고든(Mary Gordon, 미국 소설가)

나는 아무리 퇴고를 많이 해도 목적지에 도달하지 못한다. 수십 년 동안 글을 썼는데도 여전히 그렇다.

무라카미 하루키(村上春樹, 일본 소설가)

- 우리가 쓰는 글은 우리가 글을 읽는 순간 자신에 대해 필요한 정보를 제공한다. 그러면서 그것은 우리의 안으로 들어온다.
- 작가에게 어떤 일이 일어났느냐는 중요하지 않다. 중요한 것은 작가가 그 사건을 좀 더 커다란 맥락에서 어떻게 이해하느냐이다.

비비언 고닉(Vivian Gornick, 미국 언론인·저술가)

대개는 책을 읽다가 글을 쓰기 시작한다. 글을 쓰겠다는 충동을 자극하는 것은 대개 독서다. 독서, 독서에 대한 사랑이 바로 작가의 꿈을 키워주는 것이다.

수전 손택(Susan Sontag, 미국 예술평론가·소설가)

작가이자 선생으로서 내가 믿는 것은 헌신과 고집, 그리고 훈련이다.

브렛 앤서니 존스튼(Bret Anthony Johnston, 미국 저술가)

내가 왜 당신의 글을 읽어야 하는가, 그 이유를 알려달라.

송숙희(저술가)

창조적 글쓰기는 본질적으로 집중력의 문제다.

스티븐 스펜더(Stephen Spender, 영국 시인)

- 글쓰기는 마법이다. 다른 창의적 예술 못지않게 생명수가 되어준다. 이 생명수는 공짜다. 그러니 마셔라. 마시고 채워라.
- 글쓰기를 배우는 가장 좋은 방법은 많이 읽고 많이 쓰는 것이다.
- 부사는 당신의 친구가 아니다.

스티븐 킹(Stephen Edwin King, 미국 소설가)

나는 내가 정말로 쓰고 싶어 하는 내용을 두려워한다. 먼 곳을 목표로 용감하게 나아갈 때 나는 자유를 느끼고, 그럴 때 최고의 작품이 나온다.

시리 허스트베트(Siri Hustvedt, 미국 소설가)

나는 아무것도 없이 시작했어요. 하지만 내 선천적인 재능 못지않게 후천적인 단련을 열심히 했어요. 제아무리 뛰어난 자라도 끊임없이 단련을 받아야 하니까요. 바람이 불고, 비바람이 쳐야 더 단단해지는 법이잖아요. 글도 마찬가지예요.

고은(시인, 《명사들의 문장강화》 중에서)

글쓰기란 불굴의 노력이 관건이다. 의심할 여지가 없다.

로버트 마셀로(Robert Masello, 미국 소설가·언론인)

글에서 '매우' '무척' 등의 단어만 빼면 좋은 글이 완성된다.

마크 트웨인(Mark Twain, 미국 소설가)

진실한 글쓰기 행위에는 엄청난 개인적 위험이 뒤따른다. 작가는 영원히 외줄 위를 걸어야 한다. 한발 한발 내디딜 때마다 너무나 끔찍해서 감당하기 힘든 자신의 진실에 눈뜨게 된다.

할란 엘리슨(Harlan Ellison, 미국 SF·판타지 작가)

파워블로거 핑크팬더의 블로그 글쓰기

먼저 읽어라. 그래야 술술 써진다. '읽기'의 연장선상에 '쓰기'가 있다. 글을 쓰려면 먼저 자료와 문헌을 수집해야 한다. 자료란 데이터 수집, 취재 등을 말한다. 문헌이란 작가들이 기존에 발표한 글을 검토하면서 내가 무엇을 다루고, 또 무엇을 제외할지를 구별하는 동시에 작가들의 글에서 활용할 수 있는 자료를 얻는 것을 말한다.

와시다 고야타(鷲田小彌太, 일본 문학평론가·철학 교수)

나는 형용사와 부사, 그리고 그저 어떤 효과를 내려고 넣은 단어들을 전부 제거했다. 문장 자체를 위해 존재하는 문장도 모두 제거했다.

조르주 심농(Georges Joseph Christian Simenon, 벨기에 소설가)

- 나는 내가 늘 실패할 것을 알고 글을 쓴다. 나는 쓸 말이 늘 부족할 것을 알고 글을 쓴다.
- 나는 분노에서 글을 쓰기 시작해 열정으로 들어간다.

테리 템페스트 윌리엄스(Terry Tempest Williams, 미국 저술가·환경운동가)

글은 머리가 아니라 가슴으로 쓴다.

이외수(소설가)

내가 글을 쓰는 것은 오로지 내가 무슨 생각을 하고 있고, 무엇을 보고 있으며, 그것이 무엇을 의미하는지 알기 위해서다. 내가 무엇을 원하고 무엇을 두려워하는지 알고 싶어서다.

조앤 디디온(Joan Didion, 미국 소설가)

한 5분, 5분을 견뎌내면 어느 순간 머릿속에서 글이 쏟아지는 느낌이다. 5분쯤 꾸역꾸역 쓰다 보면 그 후에는 알 수 없는 신비한 힘이 나를 이끈다. 단숨에 30매를 쓸 수 있다. 일종의 신 내림이랄 수 있다. 신을 영접하기 위해 늘 준비해 있어야 한다.

최인호(소설가)

글이 잘 풀리지 않을 때 나는 단어들을 다시 유혹해보려고 두 가지를 시도한다. 한 가지는 좋아하는 책을 몇 쪽 읽는 것이고 다른 한 가지는 세상을 지켜보는 것이다.

치마만다 응고지 아디치에(Chimamanda Ngozi Adichie, 나이지리아 소설가)

적극적인 느낌을 주는 동사를 많이 써라.

캐럴 루미스(Carol Loomis, 미국 언론인)

작가는 아무것도 잃어버리지 않는 사람이다.

헨리 제임스(Henry James, 미국 소설가·문학비평가)

chapter 4

네 번째 글쓰기

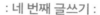

내가 쓴 글을
누군가는 읽는다

내가 쓴 글을 분명 누군가는 읽는다. 아무도 읽지 않을 거라는 생각은 잘못이다. 내가 쓴 글은 아무런 영향력도 없고 누구도 신경 쓰지 않을 것이라고 오판하지 말라. 확실히 누군가 언젠가는 읽는다. 나중에 부끄럽지 않도록 책임감을 가지고 써야 하는 이유가 바로 여기에 있다.

내 블로그에 글을 잘 읽었다는 댓글이 달리면 감격스럽다. 누군가 내 글을 읽고 댓글까지 남겼다는 사실에 감동해 정성스럽게 답글을 단다. 한 명, 두 명 댓글을 다는 사람이 늘어난다. 댓글을 다는 사람이 누구인지 호기심이 생겨 그 사람의 블로그를 방문하고 나도 댓글을 단다. 그렇게 서로 왕래하며 댓글을 달다 보면 어느새 내가 쓴 글에 꽤 많은 댓글이 달린다. 블로그에 사람들이 유입되어 댓글을 달고 공감을 눌러주면 내 글이 더 많이 노출되어 더욱 많은 사람과 댓글을 주고받을 수 있다.

누군가 남긴 댓글로 알 수 있듯이 내가 쓴 글은 나 혼자만 보는 것이 아니다. 불특정 다수가 보는 글이기 때문에 내용에 책임을 져야 한다. 글은 말과 달리 기록으로 남는다. 말로 나눈 내용은 얼마든지 부인하거나 거짓으로 꾸밀 수 있고, 농담이었다며 웃어넘길 수도 있다. 하지만 글은 다르다. 시간이 지나도 지워지지 않는다.

글에는 말소리나 말투에서 느껴지는 미묘한 느낌이 담겨 있지 않아 읽는 사람이 글쓴이의 의도와 다르게 오해할 위험이 있다. 무엇보다 읽는 사람의 감정 상태에 따라 다르게 받아들일 수 있다. 전체 맥락을 파악하지 않은 채 일부만 확대해 해석하기도 한다. 그런 사람들을 일일이 신경 쓰며 글을 쓸 필요는 없지만 누군가는 내 글을 읽는다는 것을 유념해야 한다. 별생각 없이 블로그에 올린 글이 누군가에게는 상처가 될 수 있기 때문이다. 게다가 삭제하지 않으면, 블로그에 계속 남아 상처 입히는 일을 반복한다.

내가 삭제해도 누군가 이미 스크랩해 간 뒤라면 그 글은 또 다른 스크랩과 복제를 통해 어디엔가 남기 마련이다. 글을 쓰는 목적이 남을 깔아뭉개거나 자신을 과시하기 위한 것이라면 사람들에게 외면받기 십상이다. 또 같은 말이라도 어 다르고 아 다른 법인데 글에는 감정이 묻어나지 않아 화를 부추기는 경우가 다반사다.

나를 포함한 저자들은 단 한 명의 예외도 없이 독자의 반응이 궁금하다. 자신의 책을 검색하거나 인터넷 서점에 올라온 서평을 확인

파워블로거 핑크팬더의 블로그 글쓰기

한다. 긍정적으로 평가해준 서평도 있고 부정적인 반응도 있다. 어떤 것이든지 귀중한 시간을 내서 책을 읽어준 독자의 소중한 제언이다.

가끔은 비판을 넘어 비난하는 글도 있다. "도움을 받기 위해 읽었는데 왜 읽었는지 이유를 모르겠다." "책을 순식간에 읽었다. 얻을 것이 없었다." 등의 글은 차라리 비난에 가깝다. 책을 읽고 비난하는 이유를 나는 모른다. 저자가 굳이 서평을 찾아 읽지는 않을 것이라 여기며 썼을 것이다. 면전에 대고 할 수 있는 이야기는 아니기 때문이다.

조롱에 가까운 글을 쓰는 사람도 있다. 인터넷에 올리는 글 중에는 상대방을 대면하고 하는 말이 아니어서 그런지 내용이 치졸할 때가 있다. 아쉽게도 그런 글을 쓰는 사람일수록 자신의 행동에 당당하지 못한 경우가 많다. 자신이 쓴 글에는 스스로 책임을 져야 한다. 누구도 아닌 자기 자신이 쓴 글이니까 말이다.

불평불만에 가득 찬 글을 쓰는 사람도 있다. 한두 번은 친근감을 느낄 수도 있지만 잦아지면 짜증이 나서 점점 읽기 싫고 결국 그 블로그를 방문하지 않게 된다. 누가 자신의 소중한 시간을 굳이 그런 글을 읽는 데 투자하겠는가?

글을 올릴 때는 맞춤법이 틀릴 수 있다. 저자라고 완벽하게 맞춤법에 맞는 글을 쓰는 것은 아니며 심지어 오타를 내기도 한다. 나는 블로그에 글을 작성할 때면 한 번에 쓰고 검토도 하지 않은 채 바로 올린다. 당연히 맞춤법이 틀릴 때가 있고 오타가 날 때도 있다. 그런 것은 얼마든지 고치면 된다. 그보다는 읽는 사람을 염두에 두고 썼는지가 중요하다. 그렇지 않은 글은 읽기도 어렵고 읽고 싶지도 않다. 누군가 내 글을 읽어주기에 열심히 블로그에 글을 올리는 것이 아닐까? 그렇다면 읽는 사람을 염두에 두고 글을 써야 한다.

비난과 비판은 엄연히 다르다. 상대방을 의식하며 스스로 검열하라는 의미가 아니다. 남을 의식해 할 말을 하지 못한다면 그것도 문제다. 다만, 남을 의식하는 것과 염두에 두는 것은 구분해야 한다는 점을 강조하고 싶다.

처음부터 글을 잘 쓸 것이라는 기대는 하지 않는 게 좋다. 그것이 가능한 사람은 없다. 처음 쓴 글은 대부분 차마 글이라 하기에도 민망한 수준이다. 남들은 몰라도 자기 자신이 가장 정확하게 안다. 자신의 글이 많이 부족할 뿐만 아니라 맞춤법에 어긋나고 오타가 날 수 있다는 사실을 받아들이고, 그런 글이라도 내가 책임진다면 계속해서 쓸 수 있다. 자신이 책임질 수 없는 글은 쓰지 말아야 한다.

인터넷에 글을 올리는 이들 중에는 익명 뒤에 숨는 비겁한 사람이 있다. 자신의 인격을 완전히 버리고 다른 사람인 척하며 글을 쓰는 것이다. 실제로 사회 지도층 인사들이 자신의 직업과 이름을 숨긴 채 글을 쓴 일도 있다. 왜 그렇게 쓰는가? 자신이 쓴 글에 문제가 있다는 것을 스스로 알기 때문이다. 뒤늦게 자신의 잘못을 뉘우치곤 하는데 이미 기차는 떠난 뒤다. 자신이 쓴 글은 처음부터 자신이 책임져야 한다.

글은 자신의 모든 것을 드러낸다. 숨기려 해도 숨길 수 없는 것이 글이다. 진심을 숨기고 남을 속였다고 착각하지만 글이 거듭될수록 반드시 진심은 드러나고 자신의 모든 것이 표현된다. 떳떳하지 못한 사람이 익명 뒤에 숨는 것이다.

글을 쓰는 목적은 무엇인가? 남을 해치기 위해 쓰는 것이 아니다. 누군가 내 글을 읽고 즐거워하거나 기뻐하도록 써야 하지 않을까? 비록 그것이 힘들더라도 최소한 누군가에게 도움이 되거나 자신에게 부끄럽지는 않아야 한다.

명심하라. 내가 쓴 글을 분명 누군가는 읽는다. 아무도 읽지 않을 거라는 생각은 잘못이다. 내가 쓴 글은 아무런 영향력도 없고 누구도 신경 쓰지 않을 것이라고 오판하지 말라. 확실히 누군가 언젠가는 읽는다. 나중에 부끄럽지 않도록 책임감을 가지고 써야 하는 이유가 바로 여기에 있다.

'잊힐 권리'에 대한 관심이 점점 높아지고 있다. 자신의 의지, 의도와 상관없이 인터넷에 노출된 내용을 삭제하기를 바라는 것이다. 인터넷 노출로 피해를 당했다는 주장이 정당하다고 인정되고는 있지만, 인터넷에 한번 올라온 글을 완전히 삭제하기는 쉽지 않다.

어떤 글은 '잊힐 권리'로 삭제되지만, 내가 쓴 글은 누군가 내 의지와 상관없이 올린 것이 아니라 내가 직접 올린 것이다. 따라서 더욱 큰 책임감을 가져야 한다. 이를 유념하지 않으면 "뿌린 대로 거둔다."라는 속담처럼 자신이 쓴 글로 인해 결국 자신이 화를 입게 될 것이다.

자신의
이야기를 하라

사람들이 듣고 싶은 것은 당신의 이야기이다.
다른 누구도 아닌 당신만 할 수 있는 당신의 이야기를
듣고 싶어 한다. 할 이야기가 없다는 것은
지금까지 살아온 인생이 무의미하다는 말과 다를 바 없다.

중학생 시절 친하게 지내던 1년 후배가 있었다. 같은 교회에 다니는 데다 서로의 집에 자주 놀러 가고, 가끔 잠도 같이 잘 정도로 친했다. 어느 날 우연히 후배의 일기장을 발견했다. 깜빡하고 우리 집에 놓고 간 것이었다. 다른 사람의 내밀한 속마음을 본다는 점에서 일기보다 더 흥미롭고 짜릿한 것이 또 있을까? 나도 모르게 녀석의 일기장을 펼쳐 보았다. 중학생이 쓴 일기라 특별한 내용은 없었지만 내 마음을 확 잡아당기는 내용이 있었다.

"아무래도 H는 형을 좋아하나 보다. H가 형에게 유독 잘 웃고, 형이 오면 쳐다본다." 이런 식의 내용이었다. 후배의 속마음을 알게 되었다는 것과 예상하지도 못한 여자 후배가 나를 좋아할 수 있다는 사실에 깜짝 놀랐다. 생각지도 못한 두 가지 사실을 알게 되어 순간 당황했지만 나도 모르게 미소를 지었다. 나도 괜찮게 생각한 2년 여자 후배가 나를 좋아할 수 있다는 사실에 후배를 이겼다는 묘한 승리감까지, 기분이 좋았다. 자신의 솔직한 마음을 적는 것이 일기이기에 거짓으로 꾸몄을 리 없으니 더 뿌듯했다.

블로그에 쓴 글 중에 가장 인기 있는 것은 역시 자신의 진짜 이야기이다. 나도 모르게 남의 일기를 탐하게 되는 심리와 같다. 우리는 모두 타인의 이야기를 궁금해한다. 맛집 리뷰도 마찬가지다. 사람들은 블로그 주인이 직접 경험하고 체험한 것을 있는 그대로 솔직하게 적은 내용에 진정성을 느끼고 반응한다. 바이럴Viral 업체를 통해 사진과 글을 받아 작성한 것에는 반응하지 않는다.

사진은 세련되지 못하고 글은 좀 투박해도 직접 맛집에 가서 느끼고 경험한 바를 있는 그대로 써야 사람들에게 호응을 얻는다. 남이 아니라 내가 직접 느끼고 경험한 내용을 쓰는 게 핵심이다. 글을 잘 쓰고 못 쓰고는 중요하지 않다. 자신의 이야기냐 아니냐가 중요하다.

짜깁기해서 글을 쓸 수도 있다. 실제로 그런 사람도 있다. 이를 편집이라는 고상한 말로 표현한다. 이 책 저 책에서 괜찮은 글들을 뽑아 자신의 글 속에 녹여낸다. 분명히 좋은 내용이지만(그런 이유로 발췌했기 때문이다), 보기엔 화려한데 정작 맛은 밍밍한 만찬처럼 뭔가 부족하고, 읽다 보면 지겹다. 식단이 많은 집보다 투박하더라도 한 가지 음식으로 승부하는 집이 맛집일 때가 많은 것처럼 말이다.

이름만 대면 알 만한 사람이 이런 이야기를 했다, 저런 이야기를 했다 하는 식으로 늘어놓을 뿐 정작 자신의 이야기를 하지 않는다면 그 글은 생명력이 없다. "스티브 잡스는 이런 말을 했습니다. 빌 게이츠는 이런 말을 했습니다. 괴테는 이런 말을 했습니다."라는 식으로 나열하면 처음에는 고개를 끄덕이다가도 점점 지겹고 지루해진다. 강의를 들을 때나 책을 읽을 때도 마찬가지다. 자신의 이야기는 없고 다른 사람의 이야기만 주구장창 늘어놓는 사람이나 글을 만나면 "이제 그만하고 네 이야기를 들려줘!"라고 외치고 싶다.

사람들이 듣고 싶은 것은 당신의 이야기이다. 다른 누구도 아닌 당신만 할 수 있는 당신의 이야기를 듣고 싶어 한다. 할 이야기가 없다는 것은 지금까지 살아온 인생이 무의미하다는 말과 다를 바 없다. 당신의 나이가 이십 대든, 삼십 대든, 사십 대든 나이만큼 할 이야기가 있다. 당신이 경험하고 느끼고 생각한 만큼 어느 누구도 아닌 당신만이 할 수 있는 이야기가 존재한다. 그것이 바로 사람들이 읽고 싶어 하는 내용이다.

양귀자의 《원미동 사람들》, 이문열의 《젊은 날의 초상》, 괴테의 《젊은 베르테르의 슬픔》, 박완서의 《그 많던 싱아는 누가 다 먹었을까?》, 신경숙의 《외딴 방》 같은 문학 작품은 물론이고, 실용서조차 자신의 이야기를 쓴 것이 가장 많은 사랑을 오래도록 받는다. 자신의 이야기를 할 때 더 맛깔스럽고 재미있게 쓸 수 있지 않을까? 타고난 이야기꾼이 아닌 우리는 자신의 이야기를 가장 자신 있게 할 수 있다.

블로그 조회 수를 늘리기 위한 가장 좋은 방법은 현재 실시간 검색어에 해당하는 내용을 포스팅하는 것이다. 실시간 검색어에 주로 연예인의 이름이 뜨니 인터넷 연예 뉴스를 스크랩해 올린다. 사람들이 검색으로 유입되어 관련 내용을 읽는다. 순식간에 방문자 수가 평소의 몇 배로 증가한다. 그러면 내 머릿속에 도파민이 증가하면서 "이 맛에 블로그 한다."는 즐거움을 만끽하게 된다. 이때부터 끊임없이 실시간 검색어에 해당하는 내용을 스크랩한다. 어느 순간부터 내 글은 사라진다. 사람들이 점점 내 블로그를 찾지 않는다. 어쩌다 찾더라도 영혼 없는 육체를 만난 것처럼 흥미를 느끼지 못해 곧장 나가고 만다.

이에 반해 똑같은 실시간 검색어를 포스팅하더라도 자신의 이야기를 함께 담으면 내용이 훨씬 알차고 풍부해진다. 이 경우 사람들의 호응을 이끌어낼 수 있다. 어떤 블로거가 〈위아래〉라는 노래가 뜨기 전부터 'EXID'는 아까운 그룹이라는 글을 포스팅했다. 역주행이라는 단어를 등장시키며 EXID가 폭발적인 인기를 끌고 각종 뉴스를 유발할 때, 이미 EXID 관련 기사와 함께 자신의 생각을 함께 포스팅해온 그 블로그는 마치 EXID의 성지처럼 사람들의 방문이 끊이질 않았다.

이런 효과를 보기 위해서는 연예인 기사를 스크랩하거나 가십을 포스팅하더라도 반드시 자신의 생각을 함께 적어야 한다. 누구의 이야기가 아닌 내 이야기를 하는 것이다. 특정 연예인이 기사로 나와 실시간 검색어 1위를 하면 이 기사를 스크랩한 뒤, 그 연예인을 언제부터 자신이 눈여겨봤고 자기 주변에 누가 좋아하고 자신이 왜 좋아하는지 또는 싫어하는지 등을 적는다. 해당 기사가 자신이 볼 때는 이러이러하다는 코멘트까지 단다면 연예인 기사가 아닌 자신의 생각이 결합된 나만의 이야기가 된다.

내가 다른 블로그를 돌아다니며 탐독했던 글은 대부분 블로거가 자신의 이야기를 진솔하게 쓴 것이었다. 누군가 이러하다고 쓴 글이 아니라 자신이 이렇게 경험하고 느꼈다는 글을 읽을 때, 더욱 친숙함을 느끼고 글쓴이와 가까운 사이가 된 듯한 착각에 빠진다.

"오늘은 강남역 11번 출구에서 지인을 기다렸는데 황사 때문에 도저히 밖에서 오래 기다릴 수 없어 다시 강남역 지하로 들어갔다. 하필이면 그때 지인은 11번 출구로 나왔다. 서로 엇갈리며 몇 분을 허비했다."

이렇게 자신의 경험으로 시작하면 별 내용이 아닌데도 뒷이야기가 궁금해진다. 자신의 이야기여서 그렇다(실제로 이 글을 블로그에 올렸더니 그 뒤에 어떻게 되었는지 궁금하다는 댓글이 달렸다).

내가 하고 싶은 이야기를 글로 쓰면 된다. 내가 하고 싶은 이야기가 내 이야기가 아닌 남의 이야기라는 것은 말이 되지 않는다. 읽는 사람도 다른 사람의 이야기가 아니라 내 이야기를 알고 싶어 하는 것이 당연하다. 오랜만에 만난 친구와 서로 자신의 이야기는 하지 않고 연예인 가십만 이야기한다면 굳이 그 친구를 다시 만날 필요가 있을까? 그동안 자신에게 쌓인 이야기만으로도 시간 가는 줄 모르게 수다를 떨어야 하지 않겠는가!

"지금부터 제 이야기를 들어주실래요?"

누군가 이렇게 말을 시작한다면 그다음이 궁금해 미칠 지경이 된다. 꼭 자신의 이야기가 아니더라도 자신만 할 수 있는 이야기라면 다 내 이야기이다. 누구나 들려줄 수 있고 알려줄 수 있는 내용이 아니라 나만 들려줄 수 있는 이야기를 할 때 사람들은 관심을 가진다.

시중에 베스트셀러가 된 책은 다른 누구도 아닌 그 글을 쓴 사람에게서만 들을 수 있는 이야기로 가득하다. 당신도 쓸 수 있다. 어느 누구도 아닌 당신만 할 수 있는 이야기, 바로 그 이야기를 써라.

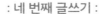

욕을 먹을 수 있다

내 글이 언제든 비난받을 수 있다고 생각해야 한다. 글은 내가 썼어도
판단은 내 몫이 아니다. 나도 모르는 의미를 상대방이 밝혀낼 수도 있지만
보통은 내가 생각하고 쓴 글이니 내가 가장 잘 안다. 그런데 나보다
내 글의 내용을 더 잘 안다고 생각하는 사람이 간혹 있다. 이들에게
그런 뜻으로 쓴 게 아니라고 일일이 설명하는 것은 큰 의미가 없다.

나는 비겁하다. 사람들에게 욕먹을 만한 글은 블로그에 올리지 않
으려고 노력한다. 논쟁을 일으킬 정치 관련 글, 좌나 우에 해당하는
글, 보수나 진보에 가까운 글은 쓰지 않는다. 이런 글은 엄청난 인기
를 끌 수는 있다. 상대편이 아닌 내 편의 글이라 생각하면 열광하고,
아니다 싶으면 달려들어 흠집을 내고 트집을 잡지 못해 안달이 난다.
한쪽 편에게 욕을 먹더라도 논쟁을 일으키는 글은 많은 사람이 읽기

마련이다. 우연히 그 글을 읽은 사람까지 동참하면 댓글은 폭발하기 직전이 된다.

논쟁이 되는 글 중 하나가 좀 더 내 성향에 가깝다는 것을 알아도 나는 겉으로 표현하지 않는다. 사람들은 대개 전체가 아닌 부분을 보고 인물을 판단한다. 여러 의견 가운데 하나라 생각하고 다름을 인정하면 좋으련만, 특정 편에 서서 글을 썼다는 이유로 모든 글의 내용을 확대해 해석한다. '너 자신보다 내가 너를 더 잘 안다'는 식으로 규정하고 일방적으로 몰아붙이기 바쁘다. 그때부터는 "점심에 김치 반찬과 밥을 먹었다."라는 평범한 문장마저 엉뚱하게 해석하고, 문맥이나 전체 내용과는 상관없이 특정 부분만 확대해석하며 사상적 재판을 단행한다. 이 점이 두려워 나는 비겁하게 글을 쓴다.

그럼에도 언제든 글로 욕먹을 수 있다. 특이하게도 우리나라 사람들은 자기 편이 아니면 적으로 간주하는 경향이 있다. 오천 년 역사를 통해 터득한 생존 방식일 수도 있지만 '나와 다름'을 인정하지 않는다. 일란성 쌍둥이는 아픔도 같이 느낀다고 할 정도로 닮은 점이 많다. 자연이 만든 인간 복제와 비슷하다. 이런 일란성 쌍둥이마저 각자 살아가는 방법이 다르고 생각하는 바가 다르다. 이처럼 나와 남은 엄연히 다르기 때문에 내 글이 무조건 상대방 마음에 들 것이라고 생각하면 곤란하다.

누구나 자기와 생각이 다른 글을 읽을 때가 있다. 글이 마음에 들지 않을 수도 있다. 반응하지 않고 그냥 넘어가느냐, 한마디라도 남기느냐는 선택의 문제다. 이때 한마디라도 반드시 하고 넘어가는 사람이 있다. 대체로 이런 사람은 자신이 잘났다고 생각하거나 상대방을 가르치려 드는 성향이 있다. 작은 일을 크게 부풀리는 침소봉대의 전형적인 스타일이다. 자신의 생각은 옳고 상대방의 생각은 틀렸다는 것을 전제로 댓글을 남기니 대화나 의견 교환이 아닌 전투가 벌어질 수밖에.

2013년 여름에 살인 사건이 일어났다. 한 남성이 아파트 계단에서 외출하는 여성의 배를 칼로 아홉 군데나 찌른 것이다. 이 남성은 살인 혐의로 구속되었다. 사건의 전말은 이랬다. 정치·사회 관련 사이트에서 서로 글을 주고받던 두 사람은 점점 논쟁이 격렬해지면서 상대에 대한 배려와 예의를 보이기는커녕 욕을 하고 신상을 털기까지 했다. 급기야 증오심이 커져 그 같은 행동을 벌인 것이다. 한 사람은 사망하고 한 사람은 살인자가 되어버린 어처구니없는 사건이었다.

이런 극단적인 사건은 극히 드물지만, 이것이 내가 논쟁이 되는 글을 쓰지 않는 또 다른 이유이다. 내 글이 논쟁을 불러일으키는 내용이 아니라고 해서 사람들이 내 글을 다 좋아하는 것은 아니다. 절대 그럴 리 없다. 백인백색의 복잡다단한 사회이고 획일적인 이념과 사상이 지배하는 곳도 아니어서 내 글을 모든 사람이 좋아하거나 모든 사람이 싫어할 수는 없다. 좋아하는 사람도 있고, 싫어하는 사람도 있는 것이다.

어쩌다 기가 막힌 글을 썼다고 하자. '많은 사람이 잘 썼다고 칭찬하고 어떻게 이런 생각을 했냐며 감탄하겠지.'라고 기대하며 블로그에 글을 올린다. 그런데 사람들의 반응은 예상보다 뜨겁지 않다. 심

파워블로거 핑크팬더의 블로그 글쓰기

지어 비아냥으로 느껴지는 댓글이 달리기도 한다. 좋은 글에 그렇게 반응하는 사람이 이해되지 않고 기분 나쁘고 참기도 어렵다. 그래서 그 댓글에 나 역시 비아냥대듯 답글을 달면 상대는 갑자기 열폭(열등감 폭발)하곤 한다.

내 글이 언제든 비난받을 수 있다고 생각해야 한다. 글은 내가 썼어도 판단은 내 몫이 아니다. 나도 모르는 의미를 상대방이 밝혀낼 수도 있지만 보통은 내가 생각하고 쓴 글이니 내가 가장 잘 안다. 그런데 나보다 내 글의 내용을 더 잘 안다고 생각하는 사람이 간혹 있다. 이들에게 그런 뜻으로 쓴 게 아니라고 일일이 설명하는 것은 큰 의미가 없다. 자신이 읽고 싶은 부분만 읽기 때문이다. 단지 그뿐이다.

우리나라에서 안티 팬이 드문 인물이 몇 명 있다. 가장 대표적인 인물이 유재석과 김연아다. 이들은 노력을 통해 최고의 자리에 올랐고 지금도 노력을 계속한다. 여러 차례 선행을 실천한 미담의 주인공으로 밝혀진 뒤에는 더 많은 사랑을 받고 있다. 미처 알려지지 않은 선행이 양파 껍질 벗겨지듯 나오기도 한다. 그래서 유재석과 김연아를 비난하는 것은 전 국민을 상대로 맞짱을 뜨는 일일지도 모른다.

그런데도 유재석이나 김연아 기사가 인터넷에 올라왔을 때 칭찬으로 가득한 댓글 속에 험담을 남기는 사람이 꼭 있다. 유재석과 김연아 기사에도 그런 반응을 보이는데, 누가 과연 그들보다 유명하고 사람들에게 더 많은 사랑을 받는다고 자신 있게 말할 수 있을까?

잘 알려지지 않은 연예인에게 가장 무서운 것은 '무플'이라고 한다. 비록 험담일지라도 댓글이 달리면 기분이 좋다고 한다. 험담도 관심의 표현이기 때문이다. 관심조차 없으면 아무런 반응을 보이지 않는다. 어떤 사람이 내 글에 반응하는 것은 내 글이 그 사람의 무언가를 건드렸기 때문이다. 바꿔 말하면 아주 좋은 글을 썼다는 반증이 된다. 누군가의 글을 읽고 '좋다'는 칭찬 댓글을 달거나 순간적으로 화가 나서 욱한 적이 한 번도 없는 사람이 있을까? 만일 그렇게 반응했다면 그 누군가의 글을 읽고 마음이 움직였다는 뜻이다.

가끔 블로그에 비밀 댓글을 다는 사람이 있다. 대부분 스팸 댓글인데, 별 내용이 아니어도 비밀 댓글을 단다. 자기 글에 자신이 없고 누군가 보는 것이 두렵기 때문일 것이다. 어떻게 보면 자존감과 관련이 있다. 자기 글에 당당하지 못해서 그런 것이다.

오늘 당장 평소와는 다른 옷차림을 하고 튀는 행동을 하며 시내 중심가를 걷는다고 당신을 눈여겨볼 사람이 있을까? 당신이 가는 길을 가로막고 이런 모습으로 돌아다니지 말라고 핀잔할 사람이 있을까? 아무도 당신을 신경 쓰지 않는다.

의도적으로 논쟁적인 글을 써서 상대방의 반응에 희열을 느끼는 사람이 있는가 하면, 자신의 목적과 이익을 달성하기 위해 글을 쓰는 사람도 있다. 욕을 하는 사람만큼 자신을 지지하는 사람이 반대급부로 있을 테니 이를 이용하려는 속셈에서 그럴 수 있다. 우리가 쓰려는 글은 이런 논쟁적인 글이 아니다. 의도치 않게 논쟁적인 글을 쓰게 될 때도 있겠지만 말이다. 남들에게 다름을 인정하라고 외치기 전에 자신부터 다름을 인정하면 된다. 손가락질하는 손가락 다섯 개 중에 네 개가 자신을 향하고 있다는 사실을 잊지 말자.

나와 다르게 생각하는 사람을 인정하면 된다. 나와 다름을 인정하고 완벽한 의견 일치가 이루어질 수 없다는 사실을 받아들이자. 정중하게 내 의견을 쓰고 합리적인 의견을 교환하면 된다. 개중에는 말이 통하지 않고 논리가 빈약한 데다 대화의 기본을 갖추지 않은 사람이 있다. 이들의 험담은 무시하면 된다. 굳이 상대방이 들고 온 똥을 뒤집어쓰고 서로 똥을 던질 필요는 없다. 애초에 피하면 된다. 쓸데없이 감정 소모를 할 필요가 없다.

차라리 내가 쓴 글로 욕을 먹을 수도 있다고 냉정하게 받아들이자. 가족 간에도 욕이 오갈 수 있는데 남과는 오죽하랴! 말과 달리 글은 읽는 사람의 감정에 따라 다르게 읽힐 수 있기에 더욱 그렇다. 그저 상대방이 내 글을 읽을 때 기분이 나쁜 상태였다고 이해하면 된다. 내가 댓글을 달 때 글 말미에 항상 웃음 기호(^^)를 넣는 것도 바로 그런 이유에서다. 결코 상대방에게 불편하게 읽히게 할 의도가 없다는 뜻이다. 욕을 먹을 수 있다는 사실을 편하게 받아들이자.

생각처럼 글이
나오지 않아도 써라

성공한 대다수의 사람은 실수와 실패를 거듭해도
포기하지 않고 끝까지 노력해서 그 위치에 올랐다.
글쓰기도 마찬가지다. 쓸 내용이 떠오르지 않을지라도,
엉뚱한 곳으로 내용이 전개될지라도 상관하지 말고 써라.

"글쓰기가 어려운 것은 당연합니다. 자기 안에 있는 것을 끄집어내
야 하고, 또 그것을 표현해야 하는 이중고지요. 더 큰 문제는 이런 과
정에 정답이 없다는 점입니다. 그야말로 암중모색의 과정이죠. 그러
나 정답이 없다는 것은 글 쓰는 사람에게 희망이기도 합니다. 자기
나름대로 자신 있게 쓰면 되니까요. '내 생각이 이런데 뭐 어쩔 거
야?'라는 생각으로 자신감을 갖고 쓰면 누구나 쓸 수 있다고 생각합

니다."

― 강원국(《대통령의 글쓰기》의 저자), 〈시니어 조선〉 인터뷰 중에서)

블로그에 서평을 올리기 시작한 뒤로 시간이 흘러 블로그 글쓰기가 거의 일상이 되었다. 1년 365일 중에 일요일을 제외하고 매일 글을 썼다. 일요일에 쓴 적도 있고 하루에 4~5개 쓴 적도 있다. 매일같이 글을 썼다고 봐도 무방하다. 1년 동안 블로그에 올린 글의 개수만도 365개가 넘는다. 짧게 쓴 글도 있지만 대부분 장문이다.

글쓰기가 쉽지는 않았지만 나는 다행히 지금까지 큰 어려움 없이 썼다. 글이 나오지 않아 머리를 쥐어짠 적은 없다. 글을 쓰고 나서 검토나 수정, 보완 없이 공개한다. 그러다 보니 오타도 있고 잘못된 것이 가끔 눈에 띈다. 뒤늦게 사람들이 지적하거나 댓글로 이런저런 이야기가 나오면 내가 쓴 글 중에 어떤 내용에서 그렇게 느꼈는지 궁금해서 다시 읽다가 발견해서 수정하기도 한다.

문득 쓰고 싶은 내용이 떠올라 쓰기도 하고 책, 영화, 다큐멘터리, 드라마를 보고 나면 당연한 듯이 썼다. 가끔 어떤 내용으로 써야 할지, 첫 시작을 무엇으로 할지 고민돼 숨 고르기를 할 때도 있지만 대부분 별 어려움 없이 썼다. 일단 글쓰기를 시작하면 나도 모르게 계속해서 다음 내용을 이어가고 있는 나를 발견했다.

이 책《파워블로거 핑크팬더의 블로그 글쓰기》는 그렇지 않았다. 처음 10개 꼭지 정도는 부담을 느끼지 않고 술술 썼다. 사람들이 글쓰기가 너무 어렵다고 호소해서 내 이야기를 편하게 들려주려고 했기 때문이다. 그런데 블로그에 글을 올릴수록 어떻게 써야 할지 서서히 막히기 시작했다. 이전에 낸 책의 대부분은 상당량의 책이나 관련 자료를 읽고 검토한 뒤에 쓰기 시작했다면 이번에는 달랐다. 지금까지 대부분 막힘 없이 글을 썼는데 글쓰기에 대한 이야기를 글로 풀어내려니 어려웠다.

서평 한 편을 쓰는 데 보통 30분에서 1시간쯤 걸린다. 지금까지 낸 책들은 대부분 한 꼭지당 1시간에서 1시간 30분 정도의 시간이 걸렸다. 그러나 이 책은 한 꼭지당 대략 2~3시간 걸린 듯하다.

운이 좋게도 전에는 콘셉트 잡고 서두를 시작하면 어느 정도 알아서 글이 나왔다. 가끔 막히더라도 잠시 고민하면 쓸 내용이 떠올랐다. 그러나 이 책은 쓰다가 막혀서 생각나기를 기다리는 시간이 비교적 길었다. 그 횟수가 다른 글을 쓸 때보다 이 책을 쓸 때 2배 이상 많았다. 글을 쓰는 사람이라면 누구나 겪듯이 막힐 때마다 어떤 식으로 전개할 것인지 고민하는 시간이 길어질수록 한 단락을 완성하는 시간이 오래 걸린다.

이 같은 경험은 나만 하는 게 아니다. 글을 쓰는 사람이라면 누구에게나 어김없이 찾아오는 일이다. 전업 작가나 소소한 일상을 블로그에 올리는 사람이나 마찬가지다. 작가라고 책상 앞에 앉아 모니터를 바라보며 자판 위에 손을 얹으면 저절로 손가락이 움직여져 글이 나오는 게 아니다. 자판 위에 손가락을 올려놓고 그저 멍하니 모니터를 바라보고 있을 때가 많다. 아무 생각도 나지 않아서다. 그럴 때면 자기도 모르게 인터넷 창을 띄우고 딴짓을 한다.

처음 생각한 대로 글이 써지지 않는 경우도 많다. 글이 엉뚱한 방향으로 흘러간다. 그렇다고 글쓰기를 멈추면 안 된다. 생각처럼 글이 나오지 않아도 계속 쓰는 것이 중요하다. 그럼에도 써야 하는 것이다. 소설 《안나 카레니나》에서 톨스토이가 쓴 "행복한 가정은 다 엇비슷하지만 불행한 가정은 그 이유가 제각기다."와 같은 명문장을 쓰려는 것이 우리의 목표인가? 톨스토이조차 첫 문장을 어떻게 시작할지 몰라 며칠을 썼다 지우기를 반복하지 않았을까?

글쓰기는 배우지 않고 단지 쓰기만 해도 실력이 향상된다. 대화할 때는 아무런 부담 없이 입에서 나오는 대로 떠들다가도 글로 쓰면 어려움을 겪는 사람이 많다. 자신이 생각한 것을 글로 옮기는 걸 어려워한다. 잘 써보려고 강의를 듣기도 하지만 글쓰기 강사는 어디까지나 샘터까지 데려다주는 역할을 할 뿐이다. 샘에서 물을 마시는 것은 자기 자신이다. 글이 생각한 대로 나오지 않아도 계속 써야 할 이유이다. 이 글을 쓰고 있는 지금의 나도 의자에 앉아 자판에 손을 올려놓고 죽이 되든 밥이 되든 쓰고 있다. 전체적으로 매끄럽지 않은 글일지 모른다. 그래도 쓴다.

죽어라 책상에 앉아 공부를 한다고 좋은 성적이 나오는 것은 분명 아니지만, 적어도 꾸준한 노력은 긍정적인 에너지를 만들어낸다. 하루 종일 책상에 앉아 글을 써야 할 필요는 없다. 글을 완성할 때까지 글쓰기를 다른 것보다 우선하는 것으로 충분하다. 막상 글을 쓰기 시작하면 처음에는 어떻게 풀어낼지 막막해도 점점 마지막을 향해 가고 있다는 것을 느끼게 된다.

지금 쓰고 있는 이 글이 그렇다. 마지막이 멀지 않았음을 느끼고 있는데 어떤 식으로 결말을 맺을지 계속 머리에서 맴돌기만 한다. 뭔가 멋지면서도 의미 있는 결말로 강렬함을 남기고 싶지만 마음대로 되지 않는다. 매번 생각한 대로 글이 나오는 것은 아니기 때문이다. 암흑 속에 혼자 덩그러니 남으면 탈출하려고 작은 불빛이라도 찾게 된다. 가만히 있기보다는 어느 방향으로든 움직여야 탈출 가능성이 높아지게 마련이다.

성공한 대다수의 사람은 실수와 실패를 거듭해도 포기하지 않고 끝까지 노력해서 그 위치에 올랐다. 글쓰기도 마찬가지다. 쓸 내용이 떠오르지 않을지라도, 엉뚱한 곳으로 내용이 전개될지라도 상관하지 말고 써라.

《대통령의 글쓰기》의 저자인 강원국이 "'내 생각이 이런데 뭐 어쩔 거야?'라는 생각으로 자신감을 갖고 쓰면 누구나 쓸 수 있다고 생각합니다."라고 했듯이 글이 나오지 않아도 무조건 쓰려고 하면 뭔가 도출되어 글이 된다.

무척이나 엉성하고 이상하게 결말을 맺는다. 어쩌겠는가! 내 글쓰기 능력이 이 정도이니 읽는 사람이 알아서 판단하리라 본다. 그저 이렇게 쓰다 보면 더 좋은 글이 나올 것이라 믿는다.

뮤즈는
오지 않는다

마감 날짜가 다가오지만 단 한 글자도 쓰지 못하는 무능력한 작가가 있다. 그의 소설은 출판사로부터 퇴짜 맞기 일쑤다. 그런데 우연히 얻은 신약을 먹자마자 뮤즈가 제대로 찾아온다. 밤새도록 글을 써서 출판사에 보내자 열렬한 환호를 얻고, 드디어 인기 작가가 된다. 문제는 신약을 먹지 않으면 단 한 줄도 쓰지 못한다는 것이다.

춤과 노래뿐만 아니라 음악, 연극, 문학에 모두 능통한 이가 있다. 바로 뮤즈Muse다. 뮤즈는 '예술의 여신'이다. 예술가들이 '그분'이 찾아왔다고 표현할 때 지칭하는 분이 바로 뮤즈다. 뮤즈는 그리스어 '무사Musa'의 영어식 표현인데 '생각에 잠기다' '명상하다' '상상하다'라는 뜻을 지니고 있다. 지난 모든 것을 기억하게 해준다는 의미로 '학문의 여신'으로 불리기도 한다. 뮤즈는 원래 셋이었으나

후대에 와서 아홉 여신이 되었다.

탈레이아Thaleia는 희극, 멜포메네Melpomene는 비극, 폴리힘니아Polyhymnia는 흥, 칼리오페Calliope는 시, 클레이오Cleio는 역사, 에우테르페Euterpe는 기쁨, 테르프시코레Terpsichore는 춤, 에라토Erato는 노래, 우라니아Urania는 천문을 담당한다. 이 아홉 명의 뮤즈는 예술인에게는 꿈의 여신이다. 고대로부터 뮤즈는 시인, 무용가, 음악가, 작가들에게 영감의 원천이 되었으며, 미술관Museum과 음악Music의 어원이 되기도 한다.

뮤즈를 기다리며 미친 듯이 영감을 좇는 사람들이 있다. 이들은 글이 잘 안 써지면 아직 영감이 오지 않았다고 믿는다. 뮤즈가 찾아오면 글이 곧 완성될 것으로 생각한다. 이런 경향은 대체로 비전문가에게 나타난다. 전문가가 과연 영감이 찾아올 때까지 때를 기다리며 아무것도 쓰지 않을까?

다른 예술 분야의 전문가들뿐만 아니라 작가 또한 그런 뮤즈 따위는 기다리지 않는다. 뮤즈가 오든 말든 쓴다. 팔 벌리고 하늘에 외친다고 뮤즈가 오는 것이 결코 아니다.

유난히 글이 잘 써지는 날이 있다. 글을 쓰고 싶어 미칠 때도 있다. 글을 쓰지 않고는 견디지 못하는 날이 있다. 이런 날에는 제대로 뮤즈가 찾아왔다며 내가 글을 쓰는 것인지 글이 나를 이용하는 것인지 분간이 되지 않을 정도로 계속 쓴다. 그러다 어느 순간부터 갑자기 글이 전혀 써지지 않는다. 아무런 예고 없이 찾아왔듯이 뮤즈는 어떤 징후도 없이 연기처럼 사라진다. 이때마다 다시 뮤즈가 찾아오기를 기다려야 할까?

뮤즈를 기다린다는 것이야말로 글을 쓸 생각이 없다는 고백이나 다름없다. 전업 작가가 뮤즈가 올 때까지 기다려야 했다면 진작 글쓰기를 포기하고 다른 직업을 가졌을 것이다. 다른 예술 분야에 종사하는 수많은 사람이 작업을 포기하고 전직했을 것이다. 뮤즈 따위는 믿지도 말고 기다리지도 말아야 한다. 운 좋게도 뮤즈가 찾아오는 날은 분명 있다. 그럴 때는 기쁜 마음으로 집중해서 쓰면 된다. 단지 그뿐이다.

작가들이 일정한 시간에 거의 매일같이 쓴다는 사실을 우리는 이미 알고 있다. 우리가 작가들처럼 일정한 시간을 정해놓고 하루도 빠짐없이 글을 쓰는 것은 못 해도 꾸준히 쓰는 것은 할 수 있다. 도입부를 어떻게 할지 고민하며 낑낑대다가 겨우 쓰기 시작했는데 다시 막힐 때가 있다. 글이 나올 때까지 집중하며 계속 앉아 기다릴지 쓰기를 그만둘지 그 정답은 없다.

《고리오 영감》의 작가로 유명한 발자크는 평생 200편의 소설을 썼다. 불행히도 풍족한 삶을 누리며 작품 활동에 매진한 것이 아니라, 오직 생계를 위해 글을 썼다. 발자크의 아버지는 아들을 법률가로 만들고 싶어 했으나 발자크는 작가로 성공하고 싶었다. 그런데 작가 생활을 여유 있게 하려고 이런저런 부업에 손댔다가 실패해 큰 빚을 지게 되었으며, 사치스러운 생활 탓에 빚은 더 늘었다.

"1828년에 나는 살아가면서 12만 5천 프랑의 빚을 갚기 위해 내 펜밖에 없었다."라고 고백할 정도로 발자크는 빚에 시달리며 글을 썼다.

빚을 갚기 위해 그는 하루 종일 커피를 마시면서 매일 14시간 동안 집필에 매진했고, 몸이 안 좋을 때도 9시간 동안 집필했다. 발자크는 뮤즈 따위는 아예 생각조차 하지 않았다. 죽어라 하고 글을 쓴 것이다. 그가 발표한 200편의 소설이 이를 증명해준다. 저녁에 카페에 나가 담소를 즐겼을 뿐 그 나머지 시간은 커피에 의지해 글만 썼다.

위대한 작가도 아니고 전업 작가도 아닌 우리가 이렇게 쓸 수는 없다. 마음먹고 쓰다가도 전기가 끊어진 것처럼 어떤 글도 써지지 않을 때가 있다. 일상적인 글은 쓰지 못할 이유가 별로 없다. 아주 조금이라도 전문적인 이야기를 써야 할 때가 문제다. 시시콜콜 아무렇게나 손이 가는 대로 쓰면 되는 일상적인 글과 달리, 정보 전달을 위한 글은 아무래도 진중해야 한다는 강박관념 때문에 더욱 힘들다.

고백하자면 뾰족한 수는 없다. 나도 쓰다가 막히는 순간이 자주 찾아온다. 일필휘지로 쉬지 않고 글을 쓰면 참 좋겠지만 지금까지는 단 한 번도 그런 적이 없다. 늘 쓰다가 막힌다. 딱 한 단락 만에 막히기도 한다. 심할 때는 딱 한 문장을 쓰고 막힌다. 정신을 집중해서 쓰라고 충고하는 작가들이 많은데 나는 좀 산만하게 쓴다.

쓰다 막히면 머리를 감싸고 다음에 이어나갈 글을 고민하기보다는 딴짓을 한다. 이런저런 사이트를 기웃거리기도 하고, 블로그에 올라온 이웃의 글을 읽기도 하고, 내 블로그에 달린 댓글에 답글을 달기도 한다.

중요한 것은 그럼에도 결국 쓰려던 글을 완성한다는 사실이다. 앉은 자리에서 막힘없이 글이 나오면 참 좋겠지만 쓰다 말다 하면서

파워블로거 핑크팬더의 블로그 글쓰기

마침내 다 쓴다. 영화나 드라마에 나오는 것처럼 멈추지 않고 자판을 열심히 두들겨 글을 뚝딱하고 완성하면 얼마나 좋을까! 그런 꿈 같은 일은 결코 일어나지 않는다. 부질없는 희망은 부질없이 끝나기 마련이다. 아주 가끔 뮤즈가 찾아와 한 번에 글을 완성하는 작가도 있겠지만 나와는 상관없는 일이다.

마감 날짜가 다가오지만 단 한 글자도 쓰지 못하는 무능력한 작가가 있다. 그의 소설은 출판사로부터 퇴짜 맞기 일쑤다. 그런데 우연히 얻은 신약을 먹자마자 뮤즈가 제대로 찾아온다. 밤새도록 글을 써서 출판사에 보내자 열렬한 환호를 얻고, 드디어 인기 작가가 된다. 문제는 신약을 먹지 않으면 단 한 줄도 쓰지 못한다는 것이다. 브래들리 쿠퍼가 주연한 영화 〈리미트리스〉의 내용이다. 안타깝게도 영화처럼 뮤즈를 찾기 위해 약을 먹는 사람도 있다. 약을 먹어야 쓸 수 있다는 것은 핑계고 변명이다. 뮤즈는 찾아오지 않는다.

수많은 작가 중에 뮤즈가 올 때까지 기다렸다가 글을 썼다고 하는 작가는 단 한 명도 보지 못했다. 쓰다 보니 어느 순간 그런 때가 오더라는 이야기는 들어봤어도. 그 누구보다 더 많은 시간을 들여 글을 쓰고, 막히더라도 포기하지 않고 쓰는 사람이 결국에는 더 잘 쓴다.

뮤즈를 기다리지 말고 뮤즈가 찾아오게 만들라. 글을 쓰다 보면 어느 순간 뮤즈가 찾아올 것이다. 찰나에 불과하겠지만 이런 희열은 글을 계속 쓰는 사람만 느낄 수 있다. 글쓰기는 예술이 아니라 노동이다. 그것도 온몸으로 써야 하는 중노동이다!

글쓰기가 두려워요

글쓰기의 두려움을 극복하는 방법에 대해 유시민은 다음과 같이 말했다.
"기본적인 근육이 생겨야 기술을 구사할 수 있어요.
하루 30분 아무 글이나 적기를 1년 해봐요.
그 사람의 글쓰기 실력은 어마어마한 차이가 나게 돼 있습니다."

'글쓰기가 두렵고 어렵다!'

글을 쓰지 못하는 대표적인 이유가 그것이다. 어릴 때 기역, 니은, 디귿 등의 자음을 배우고, 여기에 모음을 합쳐 단어를 만들며 즐겁게 글자를 익힌 순간이 누구에게나 있을 것이다. 그러나 단문을 넘어 한 편의 글을 완성하는 단계에 이르면 글쓰기는 더 이상 에너지가 샘솟는 즐거움이 아니라 피하고 싶은 두려움이 된다. 기왕에 글을 쓰기로 마음먹었다면 먼저 글쓰기에 대한 두려움을 없애야 한다.

편의점에 내가 사려는 물품과 비슷한 종류가 여러 개 진열되어 있다. 가격을 확인하려는데 세 개 중 두 개만 가격이 표시되어 있다. 이때 편의점 직원에게 "이건 얼마예요?" 하고 묻는 데 두려움을 느낄 사람이 있을까? 손님으로서 당연히 할 수 있는 질문이니 대부분 두렵지 않을 것이다.

누군가를 처음 만났는데 쑥스럽고 숫기가 없어 대화를 나누지 못한다. 상대방을 제대로 쳐다보지 못하고 자꾸 다른 곳으로 시선을 돌린다. 누구나 한 번쯤은 이런 경험을 해봤을 것이다. 아무리 활기차고 외향적인 성격일지라도 처음 만난 사람과의 대화에서는 어색한 순간이 찾아오기 마련이다. 입 떼기가 참 힘든 순간이다. 그렇다고 침묵하고 있을 수는 없으니 어떻게든 대화를 이어가려고 노력한다.

나는 사람을 처음 만날 때 낯을 가리는 편이었다. 나보다 나이 많은 사람을 만나면 말을 더 못했다. 신기하게도 글을 꾸준히 쓴 뒤에는 낯선 사람과도 말을 잘하는 편이 되었다. 타인과 대화할 때 느꼈던 두려움이 적잖이 사라졌다. 상대방을 의식하지 않고 내가 하고 싶은 이야기를 매일같이 글로 적는 글쓰기 습관 덕분에 그렇다. 내 글에 책임감은 가지지만 타인을 의식하지 않고 글을 쓰는 습관이 낯을 가리는 성격마저 바꿔놓았다.

글쓰기가 두려운 것은 불특정 다수나 특정 개인을 의식하기 때문이다. 자신감이 부족해 스스로 글을 잘 쓰지 못한다고 생각할 때 나타나는 현상일 수도 있다. 자신의 글을 읽은 사람들에게 "이것도 글이라고 썼나!"라며 손가락질당하고 조롱받을까 봐 자기 비하를 한다. 그럴 이유는 하나도 없는데 자기 글에 자신감이 없다.

그러나 누구든지 노력하면 얼마든지 좋은 글을 쓸 수 있다. 다행스럽게도 여타의 예능 분야와 달리 글쓰기에는 재능이 큰 비중을 차지하지 않는다. 태어날 때부터 글 잘 쓰는 사람은 없다는 뜻이다. 운동신경이 타고나 겨우 세 살에 골프를 시작한 천재 골퍼 타이거 우즈나 네 살 때부터 천재성을 보인 세계적인 바이올리니스트 장영주처럼 어릴 때부터 글쓰기 천재로 불리며 혜성처럼 등장한 작가가 있다는 말을 들어본 적이 없다.

여기서 두려움이란, 글을 기가 막히게 쓰던 사람이 어느 날 갑자기 글쓰기가 두려워 단 한 줄도 쓰지 못하는 상황을 두고 하는 말이 아니다. 많이 써보지도, 그렇다고 노력하지도 않으면서 무조건 글쓰기가 두렵다고 말하는 것을 가리킨다. 글을 써보기도 전에 두렵다고 회피하는 것은 자기 자신에 대한 예의가 아니다. 내가 나를 믿지 못한다면 어떻게 인생을 제대로 살 수 있을까? 글쓰기가 결코 쉽지는 않지만 두려워할 만큼 어렵지는 않다.

글쓰기의 두려움을 극복하는 방법에 대해 유시민은 《성장문답》 '글쓰기가 두려운 당신이 들어야 할 대답'에서 다음과 같이 말했다.

계속 쓰는 거예요. 작은 메모지 같은 걸 갖고 다니면서 자투리 시간이 날 때마다 30분만 하루에 아무거나 쓴다고 가정해봐요. 지나가는 풍경을 묘사할 수도 있고, 어디 카페에 있는데 맞은편에 멋진 남자, 예쁜 여자가 있다, 그럼 그걸 묘사해도 되고요. 머릿속에 스치고 지나가는 황당한 생각을 적어도 돼요. 적고 찢어서 보관해봐요. 날짜 적어 가지고 계속 보관해놓고 한두 달을 그렇게 한 다음에 오늘 내가 적은 것과 두 달 전에 적은 걸 비교해보세요. 그럼 느껴요! 오! 오! 내가 달라졌네, 하고 느낄 수 있어요. 기본적인 근육이 생겨야 기술을 구사할 수 있어요. 하루 30분 아무 글이나 적기를 1년 해봐요. 그 사람의 글쓰기 실력은 어마어마한 차이가 나게 돼 있습니다. 제가 그런 방식으로 글쓰기를 배웠거든요.

한국에서 책을 출판해 벌어들인 수입만으로 먹고살 수 있는 사람은 극히 드물다. 인구가 3억 정도인 미국과 달리 한국은 인구가 겨우 5천만 명뿐인 데다 책을 읽는 사람도 드문 실정이다. 그러니 전업 작가로 생계를 꾸린다는 것은 하늘의 별 따기만큼이나 어려운데 유시민은 책을 출판해 먹고산다. 감옥에 갇혔을 때도 논리적으로 글을 써서 자신을 변호했을 정도로 글쓰기 분야의 군계일학이다. 그런 그가 두려움을 극복하기 위해 알려준 방법은 터무니없이 단순하다. 매일같이 쓰라는 것이다.

내 경우도 똑같다. 유시민처럼 글을 잘 쓰지도 못하고 책이 엄청나게 많이 팔린 적도 없지만 그가 알려준 것처럼 글을 계속 썼다. 내게 블로그는 아주 좋은 메모지이다. 메모지를 따로 가지고 다니면서 틈날 때마다 쓰는 것도 상당히 부지런해야 할 수 있다. 블로그는 스마트폰이 대중화되어 있는 요즘, 어디서나 간편하게 접속해서 마음 놓고 쓸 수 있는 훌륭한 노트다.

블로그는 내가 운영하는 1인 미디어이다. 누구의 간섭이나 통제가 없고 검열도 없다. 무엇을 쓰든 전적으로 내 마음이다. 두려워할 이유가 없다. 검토받을 필요가 있는 글도 아니고 상사에게 제출하는 보고서는 더욱 아니다. 어떤 주제나 내용, 소재, 형식이든 상관없이 자유자재로 쓰면 된다. 그럼에도 글쓰기가 두렵다면 글을 쓴 뒤에 '공개'로 하지 말고 '비공개'로 하면 된다. 나 이외에는 그 누구도 볼 수 없게 말이다.

블로그에 비공개 기능이 있는데도 그 기능을 활용하지 않는 것은 내 글을 누군가 읽어주기를 바란다는 뜻이다. 공개된 내 글을 누군가 읽는 것이 두렵지만 아무도 읽지 않는 글을 쓰기는 싫다는 이율배반적인 감정이며 자가당착이다. 결국 둘 중의 하나를 버려야 한다는 결론에 이른다. 두려움을 극복하고 글을 공개해 누구나 읽을 수 있게 하든지, 나만 볼 수 있게 글을 비공개로 쓰는 것이다. 비공개로 쓰다가 어느 정도 자신감이 생겼을 때 한 편씩 공개하는 것도 괜찮은 방법이다.

세상과 소통할 수 있는 유일한 방법이 블로그라면, 블로그 글쓰기에 두려움을 느낄 겨를이 없을 것이다. 인간은 누군가와 소통하며 살아야 하는 사회적 동물이다. 혼자서는 살 수 없다. 직접 만나 대화하는 것과는 비교되지 않겠지만, 블로그는 불특정 다수와 교류하고 소통할 수 있는 훌륭한 커뮤니케이션 공간이다. 지인을 직접 만나는 것보다 블로그로 더 친밀하게 소통할 때가 있다. 내가 쓴 글을 읽고 반응해주는 다른 블로그들과 글을 주고받으며 형성된 공감대는 오프라인에서 느낄 수 없는 색다른 정서를 불러일으킨다.

블로그에 글 올리는 것을 두려워하지 말라. 오히려 오늘 당신이 쓴 글을 누군가 기다린다는 즐거운 상상을 하며 써라. 매일같이 글을 올리다가 단 하루만 올리지 않아도 많은 사람이 당신의 안부를 궁금해한다.

글쓰기는 두려워할 대상이 아니라 함께 즐길 대상이다. 쓰기로 마음먹었다면 신나게 쓰자. 사람들이 두려워하며 쓴 글을 좋아할까, 신나게 쓴 글을 좋아할까? 물어보나 마나 한 질문에 구태여 대답하지 말고 무조건 쓰자.

- 글쓰기는 글쓰기를 통해서만 배울 수 있고 글쓰기를 통해서만 실력이 는다.
- 당신은 미국에서 가장 말도 안 되는 쓰레기를 쓸 자유가 있다.
- 케이크를 구우려면 당신 마음에서 나오는 열과 에너지를 첨가하라. 강에 대해 쓰고 있다면 그 강에 온몸을 흠뻑 적셔라. 글이 글을 쓰도록 하라.
- 펜을 들고 공격하라. 과거에 내가 누구였는지, 지금은 누구인지, 그리고 무엇을 기억하는지 써 내려가라.

나탈리 골드버그(Natalie Goldberg, 미국 시인·소설가)

영감이 떠오르는 것은 경이로운 경험이지만, 작가는 그 외의 시간에 영감에 접근하는 법을 개발해야 한다. 영감이 떠오르기까지는 너무 오랫동안 기다려야 하기 때문이다.

레너드 번스타인(Leonard Bernstein, 미국 지휘자·작곡가)

- 글을 쓸 용기를 낸다는 것은 두려움을 지워버리거나 '정복하는' 것이 아니다. 현직 작가들은 불안감을 씻어낸 사람들이 아니다. 그들은 심장이 두근거리고 속이 울렁거려도 포기하지 않고 글을 쓰는 사람들이다.
- 불안은 집필 과정의 불가피한 부분일 뿐 아니라 필수적인 부분이기도 하다. 두렵지 않다면 글을 쓰고 있는 것이 아니다.

랠프 키스(Ralph Keyes, 미국 저술가)

나는 자신이 어떤 사람인지, 무엇을 생각하는지 쓰지 않고서는 알 수 없다.

무라카미 하루키(村上春樹, 일본 소설가)

- 당신에겐 가볍게 의견을 주고받을 수 있는 세상의 일들이 필요하다. 시작은 무엇으로 해도 상관없다. 결국은 그렇게 주고받을 수 있는 세상의 일들을 씀으로써 하나의 패턴 속으로 합류하게 된다.
- 최고로 잘 써질 때는 글을 쓴다는 것이 과분한 은총을 받는 일이라는 생각이 든다.

애니 딜러드(Annie Dillard, 미국 소설가)

글쓰기를 시작할 때까지는 당신이 무엇을 생각하고 있는지 알 수 없다. 글쓰기를 통해 당신이 생각하고 있는 진실을 깨닫게 된다.

애니타 브루크너(Anita Brookner, 영국 소설가)

파워블로거 핑크팬더의 블로그 글쓰기

- 나는 마흔일곱 살이 돼서야 글을 쓰기 시작했다. 오래전부터 글을 쓰고 싶었지만 어떤 학위가 있어야 하거나, 어떤 집단의 일원이 되어야 하는 줄 알았다. 물론, 아무도 내게 그 집단에 가입하라고 요청하지 않았다. 그저 시작하기만 하면 된다는 것을 깨달았다.
- 회고록 작가는 최대한 사실에 입각해 글을 쓰겠다고 독자와 약속하는 셈이다. 그러나 진짜 약속 상대는 바로 자기 자신이다. 정직해라. 깊이 파고들어라. 그러지 않을 거라면 굳이 회고록을 쓸 필요가 없다.

애비게일 토머스(Abigail Thomas, 미국 저술가)

- 나는 소설을 통해 나의 무의식을 탐구한다. 대개는 글을 쓰기 전까지 내게 무슨 일이 일어날지 짐작조차 하지 못한다.
- 세상을 생생하게 묘사하라.

재닛 피치(Janet Fitch, 미국 소설가)

저는 늘 글을 써요. 어떤 날은 10시간 11시간씩 쓰기도 하고 또 어떤 날은 3시간만 쓰기도 하지요. 그 차이는 제가 얼마나 많은 아이디어를 가졌느냐에 달렸어요.

조앤 캐슬린 롤링(Joanne Kathleen Rowling, 영국 소설가)

등장인물이 지금 당장 뭔가를 원하게 만들어라. 고작 물 한 잔에 불과할지라도.

커트 보니것 주니어(Kurt Vonnegut, Jr., 미국 소설가)

명료하게 사고하고 명쾌하게 글 쓰는 직원은 회사에 큰 이익을 가져다준다.

케빈 라이언(Kevin Ryan, 미국 저술가)

글쓰기가 어렵게 느껴진다면 이는 실제로 어렵기 때문이다. 인간의 행위 중에서 가장 어려운 일 중 하나가 글쓰기이다.

윌리엄 진서(William Zinsser, 미국 언론인·저술가)

저는 영감에 대해서는 아무것도 알지 못합니다. 왜냐하면 저는 영감이 무엇인지 모르니까요. 저는 영감에 대해 들어는 보았으나 직접 보지는 못했습니다.

윌리엄 포크너(William Faulkner, 미국 소설가)

읽을 때만 배우는 것이 아니다. 글을 쓸 때도 그만큼 배운다.

존 댈버그 액턴(John Emerich Edward Dalberg Acton, 영국 역사가)

작가가 되고 싶다면 작가들이 하는 일을 하라. 무슨 일이 있어도 매일 글을 써라.

주디 리브스(Judy Reeves, 미국 저술가)

파워블로거 핑크팬더의 블로그 글쓰기

나는 매일 아침 9시에 내 방에 가서 12시까지 종이를 앞에 놓고 앉는다. 3시간 동안 아무것도 떠올리지 못한 채 그저 앉아 있을 때도 많다. 하지만 나는 한 가지는 알고 있다. 만약 9시에서 12시 사이에 어떤 소재가 떠오르면 그것을 적을 준비가 되어 있다는 것을 말이다.

플래너리 오코너(Flannery O'Connor, 미국 소설가)

인터넷은 결코 망각하지 않는다.

J. D. 래시카(Joseph Daniel Lasica, 미국 언론인)

작가의 습작 기간은 첫 백만 단어를 쓰기 전에는 끝나지 않는다.

R. V. 카실(Ronald Verlin Cassill, 미국 소설가)

리더는 글을 자기가 써야 한다. 자기의 생각을 써야 한다. 글은 역사에 남는다. 다른 사람이 쓴 연설문을 낭독하고, 미사여구를 모아 만든 연설문을 자기 것인 양 역사에 남기는 것은 잘못이다. 부족하더라도 자기가 써야 한다.

김대중(전 대통령)

파워블로거 핑크팬더의 블로그 글쓰기

글을 써서 폼 잡는 시대는 갔어요. 지금은 재미있어야 해요. 자기가 겪은 재미있는 이야기를 쓰기 시작하면 됩니다. 그 재미를 통해 느낀 것을 쓰세요. 재미와 의미가 교차되는 지점이 글쓰기의 핵심이에요.

김정운(문화심리학자·저술가)

글 쓰는 이라면 누구나 자신의 글이 소통되기를 바랍니다. 조선 시대에도 그랬고, 지금도 그렇죠. 시인도 마찬가지입니다. 자신의 글이 소통되기를 바라죠. 그러니 처음부터 소통을 염두에 두고 글을 써야 하는 것이 맞아요. 어떻게 하면 잘 소통될 수 있는지를 고민하는 것이 올바른 글쓰기로 가는 길이라고 생각해요.

남경태(번역가·저술가)

당신만이 전할 수 있는 이야기를 써라. 당신보다 더 똑똑하고 우수한 작가들은 많다.

닐 게이먼(Neil Gaiman, 영국 소설가)

글쓰기는 사용하지 않는 근육을 사용하게 하고 고독과 부동의 상태를 요구한다.

도로시아 브랜디(Dorothea Brande, 미국 소설가)

파워블로거 핑크팬더의 블로그 글쓰기

매일 글을 써라. 강렬하게 독서해라. 그러고 나서 무슨 일이 일어나는지 한번 보자.

레이 브래드버리(Ray Bradbury, 미국 소설가)

글을 더 많이 썼으면 좋겠다. 좀 더 다작하는 작가였으면 좋겠다. 글쓰기에 대한 두려움이 덜했으면, 좀 더 자신감을 가지고 글쓰기를 두려워하지 않았으면 좋겠다.

신시아 오지크(Cynthia Ozick, 미국 소설가)

명심해야 할 것은 작가란 글 쓰는 사람이라는 사실이다. 당신은 매일 무슨 글이든 써야 한다. 그 글들이 하나같이 찢어서 던져버리고 싶은 수준밖에 되지 않더라도. 어떤 장르를 선택했느냐에 관계없이 무엇이든 매일 쓰는 훈련을 통해 글쓰기에 전념해야 완성도 높은 글에 한 걸음이라도 다가갈 수 있다.

아델 라메트(Adele Ramet, 영국 저술가)

내가 뭐라고 말하는지 확인하기 전까지는 내가 무슨 생각을 하는지 알 길이 없다.

에드워드 포스터(Edward Morgan Forster, 영국 소설가)

글쓰기는 욕망인 동시에 훈련이다. 영감이 떠오를 때까지 기다려선 안 된다. 그랬다간 어떤 작품도 끝내지 못할 것이다.

크리스 보잘리언(Chris Bohjalian, 미국 소설가)

우리 둘 중 누가 이 글을 썼는지 나는 모르겠다.

호르헤 보르헤스(Jorge Luis Borges, 아르헨티나 소설가)

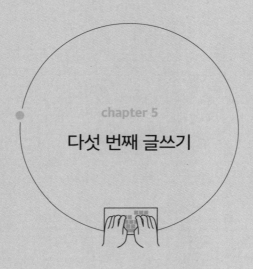

chapter 5

다섯 번째 글쓰기

제목은 섹시하게

일반 블로그를 운영하며 글을 올리는 사람과 달리
홍보 블로그를 목적으로 하는 사람에게 제목은 더욱 중요하다.
많은 사람이 인터넷 검색을 할 때 특정 단어를 사용하는데,
그런 이유로 블로그 제목은 특정 단어가 들어가게끔 만들어야 한다.

2000년대에 새롭게 생겨난 명언이 있다. "칭찬은 고래도 춤추게 한다."

이것은 지난 2002년 출간되어 메가 히트를 달성한 책의 제목이다. 이제는 누군가에게 칭찬의 효과를 설명할 때 별다른 표현을 할 필요 없이 "칭찬은 고래도 춤추게 한다."라고 말하면 다들 알아들을 정도로 책 제목이 명언이 된 사례이다. 원제가 《Whale Done》인 이 책이

국내에 처음 출판되었을 때의 제목은 《You Excellent! 칭찬의 힘》이었다. 경영인이자 컨설턴트인 켄 블랜차드가 저자로 참여했다는 점을 내세웠지만, 책은 독자들 사이에서 조용히 잊혀졌다.

2002년 10월에 출판된 이 책은 어떤 이유에서인지 2002년 12월에 《칭찬은 고래도 춤추게 한다》라는 제목으로 다시 세상에 선을 보였다. 그다음 스토리는 모두가 다 알고 있는 대로다. 책은 초대박 베스트셀러가 되었다. 내용이 달라진 것도 아니었다. 번역을 다시 할 틈도 없었을 것이다. 책에서 바뀐 것이 있다면 단 하나, 제목이다. 제목만 바꾸었을 뿐인데 책은 대박이 났다. 제목의 중요성을 알려주는 대목이다.

인터넷이 발달하면서 수없이 많은 인터넷 언론이 생겨났다. 이 언론에서 만들어내는 기사들은 자사의 홈페이지에 노출되지만, 언론사 입장에서는 그 기사들이 포털 사이트에 노출되는 것이 훨씬 더 중요하다. 기사를 클릭하는 사람의 숫자에 따라 광고 단가가 바뀌기 때문이다. 내용과 제목이 큰 상관이 없어도 제목에 현혹되어 기사를 클릭하도록 유도해야 광고로 벌어들이는 수익이 늘어난다. 과거에도 무시할 수 없었지만 갈수록 기사의 내용보다는 제목이 더 중요해지고 있다. 기사 내용보다 제목으로 사람을 낚아야 할 필요성이 점차 증가하는 것이다.

이를테면 "여배우 ○○○, 혼전 임신"이라는 제목을 보고 호기심에 기사를 클릭하면, 내용은 영화나 드라마 속 맡은 배역에서 그렇다는 경우이다. 수없이 많은 기사의 홍수 속에서 사람들의 흥미를 끌어내지 못하는 제목은 아무런 힘을 발휘하지 못한다. 제목과 기사의 내용이 전혀 매치되지 않아 욕을 먹을지라도 그것이 인터넷 언론이 살아남는 방편이다. 갈수록 자극적인 제목이 판을 치는 우려스러운 현상이지만 블로그에 글을 올리는 우리로서는 참고할 만하다.

일반 블로그를 운영하며 글을 올리는 사람과 달리 홍보 블로그를 목적으로 하는 사람에게 제목은 더욱 중요하다. 많은 사람이 인터넷 검색을 할 때 특정 단어를 사용하는데, 그런 이유로 블로그 제목은 특정 단어가 들어가게끔 만들어야 한다. 가장 많은 사람이 운영하는 맛집 블로그의 경우 특히 그렇다. 어떤 지역에 가서 맛있는 음식을 먹고 글을 포스팅할 때 단순히 "맛있는 점심"이라고 하면 너무 방대한 내용을 포함하게 된다. 블로그로 홍보하는 사람들은 이렇게 제목을 짓지 않는다.

이럴 경우 음식점이 위치한 지역을 노출하고 홍보하는 음식 분야나 대표 음식을 제목에 함께 넣는다. "명동에서 제일 맛있는 초밥 맛집" 같은 식이다. 사람들은 보통 명동에서 음식점을 찾을 때 '명동 맛집' 같은 단어로 검색한다. 특정 음식을 제목에 넣더라도 명동이라는 지역명과 맛집이라는 단어는 필수적으로 넣어 검색을 유도해야 한다. 내가 쓴 글이 검색 상위권에 포함되어야만 사람들이 그 글을 클릭하고 직접 그 맛집에 찾아가게 되기 때문이다. 검색 상위권에서 아무리 못해도 세 번째 페이지 내에 들어야만 의미가 있다고 한다.

그뿐 아니라 본문 내용에도 몇 번 정도는 제목과 같은 단어를 넣어야 검색 상위권에 올라간다고 하니 쉽지는 않다. 전문적으로 블로그를 운영하는 사람들은 자신의 글을 검색 상위권에 포함시키기 위해 사람들이 어떤 단어로 자료를 검색하는지를 직접 알아보고 비교 검토한 다음, 그 특정 단어가 포함되도록 제목을 짓는다. 하지만 홍보용 블로그를 운영하지 않는 사람은 굳이 그런 노력까지 하면서 제목에 심혈을 기울일 필요는 없다.

내가 쓴 글을 많은 사람이 본다는 것은 신나는 일이다. 똑같은 시간을 들여 글을 작성했는데 다른 블로그 글은 많은 사람이 방문해서 읽고, 내 블로그 글은 적게 읽는다면 기분 좋을 리 없다. 블로그에 글을 포스팅하는 것은 많은 사람이 내 글을 읽어주면 좋겠다는 의지의 표현이다. 그러니 이왕 쓴 글, 더 많은 사람이 읽을 수 있도록 제목을 '섹시하게' 지을 필요가 있다.

솔직히 고백하자면, 나는 블로그 글의 제목을 지을 때 크게 고민하거나 많은 조사를 거치지 않는다. 가령 리뷰를 쓸 때면 내가 본 책, 영화, 드라마 등의 제목을 우선 그대로 적고 줄표(―)를 넣은 다음 머릿속에 떠오르는 간단한 부제를 덧붙인다. 예를 들자면 "책으로 변한 내 인생―책은 나를 변화시킨다" "창문 넘어 도망친 100세 노인―유쾌한 이야기" 같은 식이다.

글을 쓰기 전에 먼저 작품 제목을 적고 곧장 내가 생각하는 부제를 덧붙이지만 떠오르는 부제가 없다면 일단 글을 쓴다. 글을 쓰는 도중이나 다 쓴 뒤에 부제가 떠오르면 그때 제목을 입력한다. 나는 본문 내용 중에서 꼭 필요한 단어를 골라 쓰고, 낚시성의 제목은 붙이지 않는다. 제목만 보고도 호기심에 차서 글을 읽게 만드는 것은

212

엄청난 창의력을 필요로 하는 대단한 능력이라고 나는 생각한다.

우리는 제목보다 본문 내용이 훨씬 더 중요하다는 것을 아주 잘 알고 있다. 이 책을 읽는 이유가 글을 잘 쓰기 위한 것이지(글을 쓰고 싶은 마음이 들도록 독려하는 것이 내가 이 책을 쓰는 목적이다) 홍보 블로그를 만들기 위한 로직을 배우고, 검색 상위권에 올라가는 스킬을 얻기 위한 것은 아닐 것이다. 그런 방법을 알려주는 블로그나 강의는 많다. 이 책은 검색 로직을 알려주거나 블로그 운영 방법을 알려주는 것이 아니라 오로지 글쓰기만을 언급한다.

군이 제목을 잘 짓기 위해 머리를 쥐어짤 필요는 없다. 그럴 시간에 글을 쓰는 것이 더 생산적이다. 그럼에도 제목은 상당히 중요하다. 잘 팔리는 식당이나 책 중에는 음식 맛이나 책 내용 때문이 아니라 식당 이름이나 책 제목에 혹해서 선택되는 경우가 많다. 제목에 끌려 글을 클릭해 들어왔는데 내용까지 좋다면 금상첨화 아닐까? 아무리 좋은 내용이라도 사람들에게 관심을 받지 못한다면, 글을 쓴 사람으로서는 너무나 아쉽고 슬프다.

만약 블로그에 쓴 글의 제목이 마음에 들지 않으면, 바로 제목을 변경해서 다시 올리기보다는 제목을 바꾼 뒤에 글을 비공개로 하고 한 시간 정도 지난 다음 다시 공개로 바꾸면 검색에 도움이 된다는 이야기도 있다. 이런 방법이 얼마나 영향이 있고 또 도움이 되는지 직접 실험해본 적은 없다.

나는 처음에 정한 제목을 끝까지 고집한다. 가끔 제목에 오타가 났을 때만 제목을 변경하는데, 이럴 때도 제목을 바꾼 다음 곧장 다시 글을 올린다. 하지만 더 많은 사람이 자신의 블로그에 들어오기를 희망하는 사람이라면 이런 방법도 꼼수가 아닌 좋은 팁이 될 것이다.

글의 제목뿐만 아니라 자신을 표현할 수 있는 블로그 제목도 중요하다. '천천히 꾸준히'는 내 블로그의 타이틀이고 나를 대표하는 이미지이다. 이것은 오랜 시간 살아오면서 내 인생의 모토가 되었고 사람들이 나를 떠올리는 개념이 되었다. 이처럼 제목은 중요하다. 당신이 쓴 글을 함축적으로 나타낼 수 있는 제목은 당신의 글을 좀 더 멋있게 포장하는 방법이다. **어차피 써야 할 제목이라면, 섹시하게 표현하는 것은 어떨까!**

인터넷 언어
은어를 쓰지 말자

한국어만큼 욕이 다양한 언어도 드물다고 한다. 일본어의 경우에는
욕이 '바보' 정도인데, 한국어에는 상당히 다양한 표현의 욕이 있다.
누군가와 대화할 때 상대방이 하는 말의 상당수가 욕이라고 하면
그 사람과 계속 만나 이야기를 하고 싶을까?

어떤 놈이 갑툭튀해서 정줄놓 할 뻔했지만 할많하않했다. 평소에
도 낄끼빠빠하지 못하는 넌씨눈들은 정뚝떨이다. 이런 인간들은 근
자감도 넘사벽이라 뭘 해도 완전 답정너. 내로남불도 쩔어서 자기
를 제외하면 다 듣보잡 취급한다. 이런 나도 심쿵하는 사람 보면 괜
히 갑분사 만들어 마상당할까 봐 노잼보다 꿀잼하려 노력한다. 혼코
노가 가심비는 높지만 자만추하여 베라나 파바 가서 즐 했으면 참

좋겠다. 쓰고 보니 이거 안물 안궁인데 별다줄했네.

가상의 학생이 인터넷에 올린 글이라 가정해서 쓴 글이다. 당신은 이 글을 얼마나 이해했는가? 이 글을 이해할 만큼 젊은 감각을 가지고 있더라도 이런 글은 가급적 피해야 한다. 아름다운 한국말을 가꾸고 지켜야 한다는 거룩한 의미에서가 아니다. 일부 사람들만 알고 이해하며 통용되는 단어는 글쓰기에 적합하지 않다.

단 한 사람이라도 내 글을 이해하지 못한다면 그것만큼 못 쓴 글도 없다. 어려운 용어를 나열하는 것만큼이나 인터넷 은어도 자제해야 한다. 앞의 글에 나온 단어들의 뜻은 다음과 같다.

갑툭튀: 갑자기 툭 튀어나오다.
정줄놓: 정신줄을 놓아버렸다.
할많하않: 할 말은 많지만 하지 않겠다.
낄끼빠빠: 낄 때 끼고 빠질 때 빠지는
넌씨눈: 넌 씨발 눈치도 없냐!
정뚝떨: 정이 뚝 떨어진다.
근자감: 근거 없는 자신감
넘사벽: 넘을 수 없는 사차원의 벽
답정너: 답은 정해져 있고 너는 대답만 해라.
내로남불: 내가 하면 로맨스 남이 하면 불륜
듣보잡: 듣도 보도 못 한 잡놈

심쿵: 심장이 놀라는

갑분사: 갑자기 분위기 사하게 만듦.

마상: 마음의 상처

노잼: 재미없다.

꿀잼: 재미있다.

혼코노: 혼자 코인 노래방 감.

가심비: 가격 대비 마음의 만족도

자만추: 자연스러운 만남 추구

베라: 베스킨라빈스

파바: 파리바게트

즐: 즐거운 시간

안물 안궁: 안 물어보고 안 궁금함.

별다줄: 별걸 다 줄이네.

이 엄청난 은어들은 한국말이 분명하지만 일반적으로 흔하게 쓰는 단어들은 아니다. 이런 은어를 쓴다고 해서 잘못된 것은 아니다. 하지만 아무리 내 글이라 해도 나만 이해하면 무슨 소용인가? 내가 썼더라도 누구든 읽고 이해하는 데 지장이 없어야 한다. 남들이 내 글을 읽고도 무슨 뜻인지 몰라 반응하지 않는데, 나 혼자만 잘 썼다고 흐뭇해하면 안 된다. 글은 보통 사람이 읽는 데 지장이 없는, 평균적으로 쓰는 단어들로 작성해야 한다.

사회가 변하고 시대가 달라지면 은어도 일반적으로 사용하는 보편적인 단어로 바뀔 수 있다. 한국에서 쓰던 '재벌'이라는 단어는 세계에서 가장 권위 있는 영국 옥스퍼드 영어 사전에 등재되어 전 세계적으로 쓰는 단어가 되었다. 이처럼 처음에는 일부 사람들만 쓰던 단어가 대중성을 얻어 누구나 쓸 수 있는 보통 명사가 될 수도 있다.

그렇다고 해도 누구나 알 수 있는 보편적인 단어가 되기 전까지는 은어를 쓰지 않는 것이 좋다. 인터넷 언어로 쓴 글 때문에 사람들이 불쾌감을 느끼거나, 그 글을 올린 블로거에게 잘못된 선입견을 가질 수도 있다. 글을 제대로 읽지도 않고 지레짐작으로 평가할 수도 있고, 글을 읽다 말고 블로그를 나가버릴 수도 있다.

인터넷 은어는 어쩌다 재미 삼아 쓰거나, 글의 맛을 살리기 위해 넣을 수 있다. 그런 경우에도 될 수 있는 한 글의 전체 맥락을 해치지 않는 선에서, 그 단어 하나를 몰라도 전체 맥락을 이해할 수 있도록 인터넷 은어를 고를 필요가 있다. 인터넷 은어는 강렬하게 뜻을 전달하는 방법이 될 수 있지만, 남용하면 글의 의미와 글쓴이의 의도를 깎아내린다.

한국어만큼 욕이 다양한 언어도 드물다고 한다. 일본어의 경우에는 욕이 '바보' 정도인데, 한국어에는 상당히 다양한 표현의 욕이 있다. 누군가와 대화할 때 상대방이 하는 말의 상당수가 욕이라고 하면 그 사람과 계속 만나 이야기를 하고 싶을까? 사업을 함께할 파트너를 선별하는 자리에서 욕을 섞어가며 말하는 사람이 있다면, 그 사람은 당장 탈락시킬 것이다. 실생활에서 욕하는 사람에게 믿음이 가는 경우는 드물다. 하나를 보면 열을 알 수 있다.

파워블로거 핑크팬더의 블로그 글쓰기

말은 입에서 나오는 순간 사라진다. 듣는 사람의 마음에 오래도록 남는 경우가 있기는 하지만, 대부분 그 내용을 전부 기억하지는 못한다. 하지만 글은 한번 기록되면 누구나, 언제 어느 곳에서나 볼 수 있다. 글쓴이가 삭제해도 누군가 스크랩했다면 그 글은 사라지지 않는다. 인터넷 은어로 쓴 글은 쓸 당시에는 재미있고 유쾌할 수 있다. 그런데 나중에 다시 읽어볼 때도 과연 그럴까?

절대로 그렇지 않다. 오히려 낯이 뜨거워질 것이다.

나도 때로는 듣기 싫은 말을 하고, 읽기 싫은 글을 쓴다. 하지만 자신조차 인상을 찡그리게 하는 글을 썼다고 생각해보자. 남들이 그런 글을 계속 읽고 싶을까? 나라면 읽다 말고 블로그에서 나갈 것이다. 더는 읽고 싶은 생각이 싹 사라지니까. 자신의 생각을 가장 잘 전달할 수 있는 단어가 인터넷 은어 말고는 없다면 어쩔 수 없다. 하지만 그런 단어가 과연 인터넷 은어 외에는 절대 없을까? 분명히 더 좋은 단어가 있다. 찾아보면 수없이 많다.

블로그에 올리는 글은 편히 쓸 수 있다. 자신이 쓰고 싶은 글을 쓰는 것도 맞다. 그렇다고 타인을 불쾌하게 만드는 글이나 자신만 이해할 수 있는 언어를 쓰는 것은 조심할 필요가 있다. 인터넷 은어는 당시 시대상을 알 수 있는 중요한 단서이지만, 특수한 경우를 제외하고는 쓰지 않는 것이 옳다. 글을 아무리 잘 썼다 해도, 겨우 인터넷 은어 하나 때문에 기껏 노력해서 쓴 글의 가치를 인정받지 못한다면 이보다 낭패는 없다.

글은 자신의 생각을 표현하는 방법이면서 자신을 나타내는 얼굴이기도 하다. 직접 만나지 못한 사람도 글을 통해 만나거나, 글을 읽으며 상대방을 느끼고 상상하며 예측할 수 있다. 이처럼 중요한 글에서 자신을 나타내는 단어가 인터넷 은어라면 민망하고 창피하지 않은가? 글로만 접하던 사람을 어느 날 직접 만나게 된다면, 그 사람이 지금까지 어떤 글을 썼는가 하는 것은 그를 판단하는 모든 잣대가 될 것이다. 바른 말, 고운 말까지 신경 쓰지는 못해도 최소한 인터넷 은어 같은 단어는 피하는 것이 좋다. 어느 누구도 아닌 당신 자신을 위해서.

세부 묘사를 하라

어떤 글이든 시종일관 설명만 할 수는 없다. 상황에 대한 묘사,
심리에 대한 묘사, 배경에 대한 묘사 등을 통해 글 읽는
재미를 더한다. 묘사는 글을 풍부하게 해줄 뿐만 아니라
전달하고자 하는 바를 더욱 사실감 있게, 극적으로 표현해준다.

묘사: 어떤 대상이나 사물, 현상 따위를 언어로 서술하거나 그림을
그려서 표현함.

국어사전에서 '묘사'를 찾으면 뜻 가운데 "언어로 서술한다"라는 표현
이 나온다. 글을 잘 쓴다는 것은 여러 가지로 이해할 수 있지만, 묘사 능력
이 좋다는 뜻이 되기도 한다. 근대 문학에서는 배경과 인물 묘사를 중요

시했다. 배경을 어떤 식으로 묘사하느냐에 따라 작품의 성격이 정해지고, 인물을 어떻게 묘사하느냐에 따라 등장인물의 심리 상태를 효과적으로 전달할 수 있었다. 현대로 오면서 묘사는 더욱 세분화되어 시각, 촉각, 미각, 후각 등 세밀한 방법으로 대상을 표현하게 되었다.

이야기를 죽 나열하거나 설명만 늘어놓은 글은 재미없다. 세부 묘사가 글 읽는 맛을 살리며 독자의 상상력을 자극한다. 똑같은 음식점에서 똑같은 음식을 먹어도 사람에 따라 글은 각자 다르게 나온다. 가장 훌륭한 글은 남들과 다른 관찰을 통해 묘사하는 것이다. 똑같은 경험을 가지더라도 각자 강조하고 생략하는 부분이 다르므로 신기하게도 각자 다른 표현, 백인백색의 글이 나온다. 이런 차이는 각자 어떻게 관찰하고 묘사하느냐에 따라 달라진다.

예전에 내가 참여했던 연기 수업 중에, 모든 것을 중지하고 가만히 자신의 귀에만 집중해 소리를 듣는 시간이 있었다. 약 1분 정도 숨소리도 들리지 않을 정도로 적막이 흐르는 동안 각자 자신의 귀에 들리는 소리에만 집중하는 것이다. 1분이 지난 뒤에 노트에 자신이 들은 것을 모두 적었다.

똑같은 공간에서 함께 들은 소리를 적었는데도, 각자 적은 소리가 달랐다. 중복되는 소리도 있었지만 누군가가 들은 소리를 다른 누군가는 듣지 못했다. 어떤 사람은 5개 정도밖에 적지 못했지만 또 다른 사람은 무려 20개나 적어냈다. 5개를 적은 사람이나 20개를 적은 사람이나 소리 나는 환경은 같았는데도.

이런 차이는 대부분 관찰에서 나온다. 아주 작은 소리도 놓치지 않고 포착한 사람과 큰 소리에만 집중한 사람은 다를 수밖에 없다. 어떤 사람은 교실 밖의 개 짖는 소리, 자동차가 멈추는 소리, 중고 제품을 팔라고 외치는 소리, 아이들이 내지르는 소리만을 듣고 적었을 것이다. 반면 다른 누군가는 조용히 귀를 기울여 누군가 볼펜을 만지는 소리, 의자가 삐거덕거리는 소리, 어떤 이의 기침 소리까지 전부 소리로 포착했기에 똑같은 환경에 있었어도 훨씬 더 많은 소리를 적을 수 있었다.

모든 소설은 한 문장으로 압축해서 내용을 설명할 수 있다. 유명한 고전의 경우 대략적인 줄거리는 다들 안다. 베스트셀러 소설도, 내용을 전혀 모르고 읽는 경우는 거의 없다. 그런 독서의 목적은 내용만 이해하려는 것이 아니라 묘사를 음미하려는 것이기도 하다. 어떤 글이든 시종일관 설명만 할 수는 없다. 상황에 대한 묘사, 심리에 대한 묘사, 배경에 대한 묘사 등을 통해 글 읽는 재미를 더한다. 묘사는 글을 풍부하게 해줄 뿐만 아니라 전달하고자 하는 바를 더욱 사실감 있게, 극적으로 표현해준다.

묘사를 한다고 해서 말 늘리기가 되면 안 된다. 지루한 글은 묘사가 부족한 것이 아니라 비슷한 말을 반복하는 것이다. 그것은 묘사가 아니다. 묘사를 가장 활발하게 활용하는 소설가 중 한 명을 소개할 테니 묘사가 어떤 역할을 하는지를 살펴보자.

다음은 한국에서 대표적인 이야기꾼이라 불리는 천명관의 소설 《고래》 중의 한 대목이다.

지구에 한껏 가까워진 태양이 무쇠라도 녹여버릴 것처럼 뜨겁게 세상을 달궈대고 있는 여름 한낮, 푸른 죄수복을 입은 춘희는 벽돌 공장 한복판에 서 있었다. 마당 한가운데 있는 펌프는 오래전에 말라붙어 쇠파이프를 타고 흘러내린 붉은 녹말만이 바닥에 선명하게 남아 있었다. 가마 주위엔 거친 사내들의 발자국에 의해 다져진 딱딱한 마당을 뚫고 쇠비름과 엉겅퀴, 한 길이 넘는 뺑대쑥 등 온갖 잡초들이 무성하게 자라나 서로 뒤엉켜 있었다. 그중에서도 특히 개망초는 성곽을 포위한 병사들처럼 늘 공장 둘레를 빽빽하게 에워싸고 있다가, 주인이 자리를 비우자 슬그머니 안으로 침입해 들어와 어느샌가 공장 전체를 점령해버리고 말았다. 공장 건물이라고 해봐야 가로로 길게 늘어선 벽돌가마 몇 개와 나무판자와 슬레이트를 섞어 얼기설기 지어놓은 살림집이 전부였지만 춘희가 공장을 떠나 있는 동안 건물은 성한 데 없이 철저하게 무너지고 부서져 있었다. 부서져 내린 벽돌가마 틈이나 살림집 마루판자, 검은 이끼가 낀 물결무늬의 슬레이트 지붕 위에도 개망초는 어김없이 피어 있었다. 그것은 자연의 법칙이었다.

묘사를 못하는 나는 다음과 같이 썼을 가능성이 크다.

태양이 뜨거운 여름이다. 춘희는 벽돌공장에 서 있었다. 마당에 있는 펌프는 누구도 쓰지 않는다. 마당은 사람들의 발걸음으로 딱딱한데 그 틈을 뚫고 잡초들이 무성하게 나왔다. 공장은 오래도록 비워져 있었는지 곳곳에 잡초들이 없는 곳이 없었다. 공장마저도 위태롭게 서 있어 언제 무너질지 모를 정도다. 춘희가 없는 동안 공장은 누구도 오지 않았고 방치되어 흉가와 똑같이 온갖 잡초들의 세상이 되어 있었다.

두 글 모두 춘희라는 인물이 옛날에 자기가 일했던 공장을 다시 찾아온 이야기지만 내용에는 엄청난 차이가 있다. 글 읽는 맛도 다르고 공장이 어떤 상태인지에 대한 묘사도 다르다. 천명관의 글은 묘사만으로도 현재 춘희의 상황이 절묘하게 오버랩되어 따로 설명할 필요가 없다. 나는 이렇게 엄청난 묘사로 인물의 상황과 심리를 표현하지 못한다. 글은 쓰면 쓸수록 실력이 늘어난다지만 '글쟁이'라 불리는 타고난 작가는 있기 마련이다. 전업 작가가 목표가 아니라면 자기 의도를 제대로 전달할 정도의 묘사면 충분하다.

얼마나 잘 묘사하느냐는 관찰과 맞닿아 있다. 주변을 무심코 지나치지 말고 관찰해 세밀하게 묘사하라. 디테일이라고 불러도 무방하다. "의자에 앉는다."라고 표현하는 대신에 "푹신푹신한 의자에 앉는다."라고 표현하면 어떨까? "그녀를 만난 날, 푹신푹신한 의자가 나를 반긴다."라고 표현하면? "시험을 쳤다. 떨어졌다."라고 담백하게 쓸수도 있지만 "시험을 칠 때 하늘이 흐리더니 시험을 마치자마자 비가 내리기 시작했다. 내 마음처럼."이라고 묘사할 수도 있다. 똑같은 글이라도 디테일한 묘사를 사용하면 글이 훨씬 맛깔스럽고, 쓰는 재미도 읽는 재미도 늘어난다.

처음 글을 쓸 때부터 묘사를 하려면 여간 어렵지 않다. 글쓰기도 어려운데 묘사는 언감생심이다. 하지만 자기 귀에 들리는 소리를 적을 때 처음에는 겨우 5개만 들린다고 적었던 사람도 연습을 계속하면 20개, 30개를 적게 된다. 마찬가지로 묘사도 노력하면 점차 좋아진다. 그러면서 어느 순간부터 글을 잘 쓴다는 칭찬을 받는다. 묘사는 마법처럼 당신 글을 탈바꿈시켜줄 것이다.

소재를 미리미리 기록하라

《윤태영의 글쓰기 노트》 저자인 윤태영은 "글은 머리로 쓰는 것이
아니라 메모로 쓰는 겁니다."라며 이렇게 덧붙였다.
"음식과 날씨 등 하찮다고 생각한 것도 모두 기록하는 습관을
들입시다. 메모와 발로 쓴 글이 결국 좋은 글로 인정받습니다."

글을 쓰는 것이 재미있다. 글쓰기에 탄력이 생겼다. 일상에 대한
글을 블로그에 썼을 뿐인데 댓글도 달리고 재미있다는 반응도 올라
온다. 글쓰기가 이처럼 재미있는지 미처 알지 못했다. 하루에 한 개
쓰는 것은 너무 쉽다. 하루에 몇 개라도 쓸 것이 넘친다.

그러다가 갑자기 어느 날부터 쓸거리가 떨어진다. 글을 써야 한다
는 강박관념만 가진 채 쓰지 못하는 날이 점점 많아진다. 뭐라도 쓰

고 싶은데 그저 막막하고 힘들다. 한때 미친 듯이 글을 썼을 때가 그립다. 왜 더 이상 쓸 글이 없는지 나도 잘 모르겠다.

이런 순간은 누구에게나 온다. 작가들도 쓸거리가 떨어져 힘들어할 때가 있다. 글쓰기가 직업이 아닌 사람이야 한동안 쓰지 않으면 그만이지만, 글쓰기로 먹고사는 사람은 그런 순간에도 무엇인가 써야 한다. 꾸준히 글을 쓰려면 평소에 훈련을 해야 한다. 어떤 훈련을 해야 할까? 떠오르는 소재가 있다면 이를 놓치지 않고 부지런히 메모하는 훈련이다. 아무 생각 없이 책상에 앉아 키보드 위에 손가락을 올려놓는다고 해서 글이 나오지 않는다. 쓸거리가 있어야 글이 나온다. 별생각 없이 책상에 앉는다고 기가 막힌 소재가 떠올라 글을 쓰는 사람은 없다.

평소에 자기가 쓸 만한 소재를 찾아 기억하고 있어야 한다. 기억에 자신 없는 사람은 여러 도구를 활용해서 기록해두었다가 그 소재를 가지고 글을 쓰면 된다. 이도 아니면 특정 주제를 선정한 뒤 주제와 관련된 글을 하나씩 풀어 쓰면 한동안 글의 소재가 마르지 않는다. 나는 책, 드라마, 영화, 다큐멘터리에 대해 리뷰를 쓴다. 늘 소재가 풍부하니 오래도록 소재가 없는 경우는 드물다. 이틀에 한 번 정도는 길든 짧든 글을 쓴다.

내가 마음먹은 분야를 오래도록 쓰는 것은 큰 도움이 된다. 무엇보다 어떤 것을 써야 할지에 대한 고민이 적다. 어떻게 써야 할지에 대한 고민은 있어도 글쓰기 소재가 떨어지는 경우는 드물다. 이와 같이 자신만이 쓸 수 있는 몇 가지 분야를 선정해 꾸준히 글을 쓰면,

글쓰기 연습이 됨과 동시에 콘텐츠가 쌓여 어느 순간부터 관련 분야의 전문가 수준으로 발돋움하는 일석이조의 효과를 누릴 수 있다.

정 소재가 없다면 당장 눈앞에 있는 소재를 가지고 글을 써도 좋다. 지금 내 눈앞에는 연필이 있다. 이를 소재로 다음과 같은 수필을 써본다.

나 어릴 적 샤프가 드물었던 시절에는 어떻게 하든 샤프로 글을 쓰고 싶었다. 연필보다 샤프로 글을 쓰면 훨씬 더 멋지게 보인다는 점도 한몫했다. 연필은 쓰면 쓸수록 짤막해지는 데다 연필심이 줄어들 때마다 매번 칼로 깎아야 해서 귀찮았다. 반면에 샤프는 종이에 쓸 때 나는 사각사각 소리도 멋있고, 심이 떨어졌을 때 누르기만 하면 샤프심이 나오는 것도 편했다. 연필보다 샤프를 가지고 있어야 공부를 더 잘할 것 같은 생각도 들었다. 어느 날 부모님을 졸라 가지게 된 샤프로 드디어 글을 쓰기 시작했다. 샤프는 심이 가늘어 연필처럼 힘을 주면 부러졌다. 가볍게 쥐고 가볍게 써야 했다. 초등학생이었으니 아직 연필로 쓰는 글쓰기가 손에 익지 않았을 때였는데, 샤프로 쓰기 시작하면서 내 글씨는 더욱 삐뚤빼뚤해졌다. 그때부터 내 글씨는 걷잡을 수 없이 춤을 추기 시작했다. 샤프 말고 계속 연필로 글씨를 썼다면 지금보다 훨씬 더 예쁜 글씨를 가지게 되었을 텐데 하는 아쉬움이 남는다. '천재는 악필'이라는 자조 섞인 이야기를 할 때마다 나는 연필심이 두꺼운 이유를 깨닫게 된다.

이 같이 글의 소재는 주변에 넘쳐난다. 별 볼 일 없는 소재라 해도 내가 의미를 부여하고 추억을 심어놓으면 전부 훌륭한 글의 소재가 된다. 이전과는 다른 방향으로 대상을 바라볼 수도 있다. 거창하고 대단한 것을 써야 글이 되는 것은 아니다. 우리 주변에 널리고 널린 사소한 것들이 전부 글의 소재가 된다. 조금만 주의를 기울이면 쓸 소재가 넘치고 넘쳐, 글을 쓸 시간이 부족하게 될지도 모른다.

주변 대상물을 소재로 쓸 수도 있지만 평소에 메모하는 습관으로 글 소재를 차곡차곡 쌓아놓고 시간 날 때마다 하나씩 쓰는 것도 좋다. 《윤태영의 글쓰기 노트》 저자인 윤태영은 "글은 머리로 쓰는 것이 아니라 메모로 쓰는 겁니다."라며 이렇게 덧붙였다. "음식과 날씨 등 하찮다고 생각한 것도 모두 기록하는 습관을 들입시다. 메모와 발로 쓴 글이 결국 좋은 글로 인정받습니다."

그는 모든 경험이 글쓰기 소재라고 말했다. "독특한 인생 경험이 있다면, 글 쓰는 사람으로서는 행운입니다. 꼭 메모를 해두는 게 좋아요. 중환자실에 입원한 적이 있는데, 언젠가 써먹을 수 있을 것 같아서 중환자실을 상세히 묘사해 기록해뒀습니다."

언제 어떤 상황에서 어떤 글을 쓰게 될지 모르니 미리미리 다양한 경험과 소재를 메모해두었다가 관련 글을 쓸 때 하나씩 찾아 글에 녹여내면 자연스럽고 훌륭한 글이 된다. 평소 공부를 전혀 하지 않는 학생이 시험을 하루 앞두고 벼락치기도 아닌 초치기를 한다고 해서 좋은 성적을 거두기는 힘든 것과 같다. 틈틈이 시간 날 때마다 차근차근 시험 대비를 해둔 학생이 좋은 성적을 거두는 것과 같은 이

치다.

《오직 독서뿐》을 비롯해 다수의 책을 펴내 대중에게 사랑받고 인정받는 한양대 국문학과 정민 교수는 메모의 중요성에 대해 이렇게 말했다. "평소 글을 읽다가 좋은 것을 보면 항목별로 분류해 간단한 메모와 함께 파일로 저장해두었다가, 글을 쓸 때 그 속에서 소재를 골라낸다."

정민 교수의 연구실에는 사람보다 큰 원통 모양의 파일집이 있다고 한다. 원통 안에는 평소에 분야별로 기록해놓은 각종 메모가 자신의 차례를 기다리고 있는데, 온갖 파일로 빼곡해 그 파일을 언제 다 쓰게 될지 미지수란다.

나는 평소에 메모를 하지 않는 습관이 있다. 책을 읽을 때 밑줄 긋기도 안 하고, 강의 들을 때는 앉아서 듣기만 하는 스타일이다. 그나마 최근에 달라진 점이 있다면 책을 읽다가 좋은 문구가 있을 때 포스트잇으로 표시하는 정도다. 다양한 글을 쓰려니 평소에 기록해야 할 필요성이 커졌기 때문이다. 매번 글을 쓸 때마다 주제에 맞는 좋은 소재를 찾으려니 힘이 들었다.

특정 주제의 책을 쓸 때 필요한 소재는 언뜻 생각하면 다른 주제의 책들과 전혀 연관성이 없어 보이지만, 그런 소재들도 함께 어우러지면 책의 내용이 더욱 풍성해질 수 있으므로 소재를 다양하게 가지고 있는 것이 중요하다고 느꼈다.

최근에는 나도 스타일을 변화시켜 책을 읽다가 갑자기 떠오른 생각이나 아이디어는 될 수 있는 대로 즉시 기록해놓는다. 내 글에 첨부하면 좋겠다고 생각되는 문구나 표현은 따로 사진을 찍어 저장해두기도 한다. 당장 쓰지 않더라도 일단 가지고 있으면 글을 쓰는 한 언젠가는 그 자료를 활용하게 된다. 이번에 '블로그 글쓰기'에 대해 쓰며 첨부하려고 따로 정리한 자료들을 사례 등으로 함께 포함시켰지만, 활용하지 않은 것들도 있다. 좋은 글을 쓰는 데는 다양하고 풍부한 사례뿐만 아니라 전혀 연관성 없는 부분까지 어떻게 연결시키는가 하는 점도 중요하다.

우리가 써야 할 소재와 쓸 수 있는 소재는 무궁무진하다. 우리가 미처 그것들을 발견하지 못하고 가치를 제대로 평가하지 못할 뿐이다. 평소에 아무것도 아닌 것 같은 소재라도 소홀히 하지 말고 미리 메모를 해둔다면 글쓰기가 훨씬 편해질 것이다.

글의 소재가 없는 것이 아니다. 매일같이 써도 부족할 정도로 글의 소재는 주변에 널리고 널렸다. 사소한 부분까지 기록하고 관리한다면 당신은 훨씬 더 좋은 글을 쓸 수 있다.

평상시의
말로 써라

전문 용어를 써가며 떠드는 사람과는 왠지 함께 이야기하고 싶지 않다.
똑똑하고 대단한 사람으로 느껴질지 몰라도 재미는 없다.
마찬가지로 글도 전문 용어를 섞어가며 써야 할 때가 있지만,
될 수 있는 한 우리가 실생활에서 쓰는 평상시 언어로 쓰는 게 좋다.

나랏말싸미 듕귁에 달아 문자와로 서르 사맛디 아니할새 이런 전
차로 어린 백성이 니르고져 홀배이셔도 마참내 제 뜨들 시러펴디 못
할 노미 하니라…….

서울 용산에 있는 국립한글박물관 2층에는 '한글이 걸어온 길'
이라는 상설 전시가 열리고 있다. 이곳에서는《훈민정음》해례본

어제御製 서문과 한글 창제 원리가 사람들을 반긴다. 이 중 어제 서문은 이렇게 시작한다.

"우리나라 말이 중국과 달라서 한 문자로는 서로 통하지 않으므로 어리석은 백성들이 말하고자 하는 바가 있어도, 마침내 자기 뜻을 펼 수 없는 사람이 많기 때문에……."

이는 많은 사람들이 학생 시절에 한 번쯤은 접한 말이다.

지금 "나랏말싸미 듕귁에 달아……"라는 말을 하는 사람은 없다. 그렇게 글을 쓰는 사람도 없다. 말과 글은 엄연히 구분된다. 일상생활에서 하는 말과 글로 쓰는 말은 같지만 다르다. 입으로 나온 말을 그대로 글로 옮기면 말할 때와는 느낌이 다르다. 또 아무리 잘 쓴 글이라고 해도 그대로 읽으면 어색한 말이 된다. 말과 글은 서로 맛이 다르다. 말 잘하는 사람이 글을 잘 쓰는 것도 아니고, 글 잘 쓰는 사람이 말을 잘하는 것도 아니다.

말도 잘하고 글도 잘 쓰는 사람이 있지만 그런 사람은 흔하지 않다. 말과 글의 영역이 서로 다른 이유도 있겠지만, 한쪽이 워낙 뛰어나면 다른 쪽이 상대적으로 기대에 미치지 못하는 점도 이유일 수 있다. 말 잘하는 사람은 자신이 하려는 이야기를 조목조목 논리정연하게 펼친다. 순간 기지를 발휘해서 위트 있는 농담을 던져도 말을 잘한다는 느낌을 준다. 이에 반해 글로는 서로 대면해 말할 때의 미묘한 뉘앙스를 나타내기가 쉽지 않다. 다만 글은 오래도록 읽힌다는 점에서 말보다 더 큰 영향을 발휘한다.

말과 글이 다르다고 해서 글을 쓸 때 말과는 완전히 다른 표현을 하거나 다른 형식으로 쓰는 것은 아니다. 글도 우리가 평소에 쓰는 말과 똑같다. 굳이 차이를 들자면, 글은 말보다 좀 더 정제된 표현을 사용한다고 할 수 있다. 말은 입에서 내뱉으면 즉시 끝나지만 글은 쓰다가 고쳐 쓸 수도 있고 다 쓴 뒤에 고쳐 쓸 수도 있다. 다 쓴 뒤 블로그에 글을 올린 다음에도 마음에 들지 않거나 문제가 될 부분은 다시 고쳐 쓸 수 있다. 말은 한번 뱉으면 주워 담을 시간이 없는 반면에 글은 퇴고라는 과정을 거칠 수 있어 좀 더 심사숙고할 수 있다. 이렇게 말과 글은 같은 듯하면서도 다르다.

내가 어제 집에 있는데 말이야. 마당에서 부스럭 소리가 나서 "뭐야?"하고 창문을 내다보니까 아, 고양이가 쓰레기봉투를 뒤지고 있더라고. 아이! 동네에 도둑고양이가 있거든. 아무래도 봉투 다 찢고 쓰레기를 마당에 쏟을 것 같더라고. 해서 잽싸게 창문을 열고 "야!" 하니까 도망가더라고. 아이! 그놈의 도둑고양이 때문에 신경 쓰여 죽겠어, 정말!

어떤 사람이 했을 법한 말을 글로 옮겨놓은 것이다. 같은 내용을 글로 쓴다면 어떤 결과가 나올까?

마당에서 부스럭 소리가 났다. 고양이가 먹을거리를 찾아 자주 우리 집에 온다는 사실을 알고 있기에 그 소리를 무시하려 했다. 가끔은 마당 한편에서 늘어지게 낮잠을 자기도 하니, 그냥 내가 하던 일이나 하려 했다. 그러다 문득 부스럭 소리가 비닐에서 난다는 걸 깨달았다. 고양이가 쓰레기봉투를 뒤지고 있다는 뜻이다. 얌전히 봉투를 뒤져 먹을 것만 빼가면 좋으련만, 쓰레기봉투를 찢고 뜯으며 봉투 안의 음식을 마당에 펼쳐놓는 게 문제다. 어쩔 수 없이 쫓아내야 했다. 창문을 열고 소리를 지르자 고양이는 냅다 도망갔다. 너도 살아야겠지만, 나도 치워야 하니 어쩔 수 없다.

똑같은 내용이지만 말과 글은 이처럼 다르다. 글은 말보다 좀 더 세밀하게 쓴다. 말은 감정과 호흡에 따라 같은 단어라도 뉘앙스가 달라지고 상대방과 합을 맞춰가며 내용이 바뀔 수 있다. 글은 감정이나 호흡이 실리지 않지만 글만이 느낄 수 있는 뉘앙스와 맛이 있다. 그렇다고 글이 평상시 쓰는 말과 전혀 동떨어진 외계어는 아니다.

다만, 학술지에 발표되는 논문이나 법조문으로 이뤄진 판례는 예외로, 말과는 완전히 다르다. 실생활에서 전혀 쓰지 않고 오로지 글로만 읽힌다.

나는 전문 용어를 써가며 떠드는 사람과는 왠지 함께 이야기하고 싶지 않다. 똑똑하고 대단한 사람으로 느껴질지 몰라도 재미는 없다. 마찬가지로 글도 전문 용어를 섞어가며 써야 할 때가 있지만, 될 수 있는 한 우리가 실생활에서 쓰는 평상시 언어로 쓰는 게 좋다. 똑똑한 걸 자랑하기 위해 전문 용어를 쓰는 것은 바보 같은 짓이다. 그건 똑똑한 게 아니라 자신이 그 분야를 잘 모른다는 반증이다. 쉽게 풀어 쓸 수 있는 능력이 진정 실력이다. 그렇게 볼 때 전문 분야를 일상생활 용어로 쉽게 풀어 쓸 수 있다면 그보다 더 좋은 글은 없다.

　글쓰기가 어렵다고 하는 사람들은 대부분 글이 말과 다르다고 생각한다. 말은 부담 없이 아무렇게나 떠들면 된다고 생각하는데, 글은 그렇지 않다고 본다. 하지만 글도 마찬가지다. 내가 블로그에 쓰는 글은 공식적인 글이 아니다. 신문 칼럼도 아니고 책으로 출판되는 글도 아니다. 공신력이 있어서 누군가에게 영향을 미치는 글도 아니다. 그러니 내가 하고 싶은 이야기를 주절주절 떠들어도 된다. 혼잣말을 할 때는 누구를 신경 쓰거나 어떤 말을 할지 생각하지도 않는다. 생각할 시간도 없이 입에서 나오는 대로 떠드는 것이 혼잣말이다.

　평소에 욕을 섞어가며 험한 말을 하는 사람이 아니라면 평상시 쓰는 말을 글로 쓰자. 누군가에게 이야기하듯이 써라. 친구에게 이야기할 때 원래부터 잘난 체하는 성격이 아니라면 편한 마음으로 친구가 알아들을 수 있도록 말하기 마련이다. 글쓰기도 똑같이 내가 평소에 하는 말을 쓰면 된다. 글이 거창해야 할 필요가 없다. 그런 글은 오히려 질려서 읽고 싶지 않을 때가 더 많다. 잘났다고 떠드는 글을 굳이 읽어야 할 이유가 있을까? 우리가 쓰는 글의 대부분은 편안하게 읽을 수 있는 글이다.

　《우리 글 바로 쓰기》의 저자 이오덕 선생은 번역 말투와 일본 말투를 걸러낸 우리말의 아름다움을 사람들에게 널리 알리고 '한국글쓰기교육연구회' '우리말연구소'를 만들어 평생 글쓰기 교육과 우리말 연구에 힘쓴 분이다. 선생은 "네가 살아가는 이야기를 너의 말로 써라."라며 다음과 같은 가르침으로 글쓰기에 대해 알려주었다.

첫째, 자신이 평소에 하던 말 그대로 써도 괜찮아요. 더러 서투른 말이 나와도 상관없어요.

둘째, 착한 어린이가 된 것처럼 쓰지 마세요. 칭찬을 받기 위해서 잘 보이기 위해서 꾸미지 마세요.

셋째, 슬프고 괴로운 일, 부끄러운 일도 괜찮아요. 얼마든지 좋은 글이 될 수 있어요.

넷째, 잘 쓴 글이라고 해도 그것을 흉내 내지 마세요. 다만 그 글의 정직함만 배우세요. 만들어내는 '글짓기'는 하지 마세요. 있는 그대로 '글쓰기'를 하세요.

공개적으로
알리고 써라

쓸까 말까를 고민 중인가? 그렇다면 더 이상 고민하지 말고,
당신이 쓰고 싶은 내용에 대해 공개하고 사람들에게 적극적으로 알려라.
쓰기 싫어도 쓰게 될 것이다. 최소한 공개한 것과 관련해
하나의 글이라도 쓰게 될 테니, 더 이상 좋은 방법이 어디 있겠는가?

자기계발이나 동기부여 책에 흔히 나오는 이야기 중에 의지박약
인 사람을 위한 충고가 있다. "할까 말까 망설이지 말고 하겠다고 세
상 사람들에게 외쳐라!" 가지고 싶은 외제차가 있을 때 열심히 노력
해서 돈을 모은 뒤에 구입하는 방법도 있지만, 일단 저지르고 보는
방법도 있다. 무리해서라도 외제차를 구입한 뒤에 매월 갚아야 하는
엄청난 할부금을 위해 열심히 노력할 수밖에 없게끔 자신을 채찍질

하는 것이다. 출혈이 큰 위험한 방법이지만 언제 돈을 모아 외제차를 구입할지 모르기에 나름 괜찮은 대안이다.

글쓰기도 그와 똑같이 하면 어떨까? 일단 글을 쓰겠다고 공개하는 것이다. 글쓰기가 어렵고 또 두려워 시작하기는 힘들지만, 자신이 입으로 뱉은 말을 번복하기도 꺼림칙하다. 글을 쓰겠다고 자신의 블로그에 공개하라. 처음부터 특정 주제로 글을 쓰는 것은 무리이므로, 무조건 하루에 하나씩 일상에 대한 글을 포스팅하겠다고 자신의 블로그에 공개해보자. 몇 명 들어오지 않는 블로그라고 해도 누군가는 그 글을 볼 것이다. 글을 보는 사람이 없으면 나라도 다시 한 번 읽으면 된다.

인간은 신기하게도 마음먹은 대로 행동하기보다 행동하는 대로 만들어지는 존재다. 웃기 싫어도 입꼬리를 살며시 올리면 나도 모르게 배시시 웃음이 나온다. 첫 데이트를 하는 남녀가 놀이공원에서 아드레날린이 심하게 분비될 만한 놀이 기구를 함께 타면 상대방에 대한 호감도가 올라가고 서로를 매력적으로 느낀다. 로맨스 드라마에 함께 출연한 남녀 배우가 종영 후에도 극중 감정을 현실로 연결해 실제 연인이 되는 경우도 볼 수 있다.

글도 마찬가지로 공개적으로 쓰기를 선언하면 쓸 수밖에 없게 된다. "공개적으로 알리고 써라"라는 소제목의 이 글도 '블로그로 글쓰기'라는 주제로 '천천히 꾸준히'라는 내 블로그에 썼던 글 중의 하나다. 누가 시킨 것도 누구에게 의뢰를 받은 것도 아니지만, 글쓰기에 대한 글을 쓰고 싶다는 내 생각에 따라 쓴 내 글이다. 나는 내가 쓰는 대부분의 글을 블로그에 올리는데, '블로그 글쓰기'라는 큰 주제로도 꾸준히 포스팅했다.

특정 주제를 가지고 글을 쓰겠다고 공개한 뒤 쓰기 시작하면 어떤 일이 있어도 꼭 쓰게 된다. '블로그로 글쓰기'가 워낙 쉽지 않은 주제여서 하나를 쓸 때마다 상당히 오랜 시간이 걸렸지만, 그렇게 하나씩 쓴 글이 모이고 모여 어느덧 30개가 넘었다. 아무도 시키지 않았지만 스스로 마음먹고 쓰기 시작했고, 큰 틀을 정하고 목차에 따라 하나씩 쓰다 보니 꽤 긴 분량의 글이 나왔다. 컴퓨터에 글을 저장하는 것이 아니라 여러 명이 함께 볼 수 있는 공간에 글을 써서 올리기에 쉽게 중단할 수도 없었다.

한번은 이런 구상을 공개하기도 했다. 내가 생각한 제목은 "다시 쓰는 빅 픽처"였다. 실력도 능력도 안 되지만 소설을 써보고 싶은 마음이었다. 그때까지 여러 글을 썼지만 소설은 써본 적이 없었다. 소설은 플롯을 짜고 캐릭터를 구축하는 것이 제일 중요하다. 더구나 전체 맥락을 해치지 않으면서 내용이 계속 연결되며 점점 클라이맥스로 나아가도록 쓰는 것은 아무나 할 수 있는 일이 아니다. 내가 재미있게 읽었고 베스트셀러로 지금도 사랑을 받고 있는 《빅 픽처》는 대중에게 검증된 작품이다.

나는 이 《빅 픽처》를 한 챕터씩 읽은 뒤 그 내용을 바탕으로 우리나라 상황에 맞게 다시 글을 써보면 어떨까 하는 생각을 했다. 굳이 이야기하자면 팬픽션(만화·소설·영화 등 장르를 구분하지 않고 대중적으로 인기를 끄는 작품을 대상으로 팬들이 자신의 뜻대로 비틀기를 하거나 재창작한 작품)이라고 할 수도 있다. 이렇게 글을 쓴 사람이 있는지도 모르겠고 성공할지도 모르겠지만 한번 도전해보고 싶었다. 이런 구상은 계속 머리에만 맴돈 채 실천하지 못하고 있었다. 원래는 소설이 아닌 경제 서적 한 권을 이렇게 하려고 했는데 결국에는 소설을 먼저 고려하게 되었다.

《빅 픽처》를 이런 형식으로 쓰겠다고 내 블로그에 공개적으로 밝히자 반응이 좋았다. 신선하다는 평이었다. 이 글을 쓰는 지금까지 시작조차 하지 않았지만, 이미 사람들에게 공개했기에 안 할 수는 없다. 분명히 할 것이다. 사람들에게 하겠다고 외치고 모른 척하기는 힘들다. 아직 내 마음속에서 준비가 덜 되었고 충분히 영글지 못해 못 쓰고 있는 것이다. 또 다른 변명이라면 이렇게 '블로그로 글쓰기'에 관한 글을 쓰고 있으니 집중력이 흐트러질까 봐 자제하는 것이라고 해야 할까?

이 글을 읽고 있는 당신도 나와 똑같다. 무엇인가 쓰고 싶은데도 쉽게 쓰지 못한다면 공개적으로 밝혀라! 그저 당신이 어떤 글을 쓰겠다고 말하는 것이다. 적당한 용기만 있으면 된다. 막상 글을 쓰겠다고 했지만 몇 개 쓰지도 못하고 더 이상 진행하지 못할 수도 있다. 그러나 몇 개 쓴 것만으로도 큰 발전이 아닐까?

처음 생각과 달리 꽤 시간이 지나도 더는 글을 올리지 못하고 있다면 다시 시작하면 된다. 시치미 뚝 떼고 새롭게 다른 글을 쓰겠다고 다시 외쳐보자. 작심삼일이 되어도 좋다. 작심삼일을 3일마다 반복해서 하면 된다. 매일같이 글을 쓰겠다고 공개적으로 외쳤지만 단이틀만 쓰고 중단되었다면 다시 또 새롭게 작심삼일을 하라. 그렇게 몇 번만 하면 어느새 나도 모르게 글이 꽤 모였다는 것을 깨닫게 된다. '나도 할 수 있다.'는 자신감이 붙고, 괜히 뿌듯해진다. 이제 본격적으로 탄력을 받아 글을 쓸 수 있는 바탕이 만들어진 셈이다.

공개적으로 무엇인가를 하겠다고 외치면 좋은 점이 또 하나 있다. 누군가 당신을 응원하는 것이다. 공감이나 댓글로 당신에게 파이팅을 외쳐주는 사람이 생기고, 응원해주는 사람의 기를 받아 글을 쓰게 된다. 글쓰기는 혼자 하는 것이지만, 이런 응원에 힘입으면 누군가와 함께한다는 사실에 글쓰기가 한결 재미있어진다. 사람들은 내가 글을 쓰다가 중단하거나 한동안 글을 올리지 못하면 궁금해하고, 다시 글을 올리면 반갑게 맞아준다. 이런 게 바로 공개적으로 글을 쓰겠다고 선언했을 때 얻을 수 있는 기쁨이다.

일상에 대한 기록이든 맛집에 대한 소감이든, 자신만의 전문 분야에 대한 글이든 각자 자신이 이야기하고 싶은 것을 하나씩 정해 지금부터 글쓰기를 시작하자. 단순히 글쓰기로만 그치지 않고 자신이 쓰는 분야에 대해 더 공부하고 노력해보자. 그런 글이 모이고 모이면 어느 순간부터 당신은 그 분야에 꽤 전문적인 식견을 갖추게 된다. 남들 모르게 하나씩 올리지 말고 어떤 글을 올리겠다고 밝힌 뒤에 올리면, 올리는 나도 그렇고 읽는 사람들도 즐겁다.

쓸까 말까를 고민 중인가? 그렇다면 더 이상 고민하지 말고, 당신이 쓰고 싶은 내용에 대해 공개하고 사람들에게 적극적으로 알려라. 쓰기 싫어도 쓰게 될 것이다. 최소한 공개한 것과 관련해 하나의 글이라도 쓰게 될 테니, 더 이상 좋은 방법이 어디 있겠는가? 자신의 뜻을 공개하고 사람들에게 알리는 것은 동기부여를 하기 위해 많이 이용하는 방법이다. 글쓰기에도 이 방법을 충분히 적용해 발전시킬 수 있다. 당신도 오늘 당장 당신의 글쓰기를 세상에 알려보면 어떨까?

나는 달리 쓸 만한 소재가 없었으므로 나 자신을 주제로 삼았다.

미셸 몽테뉴(Michel Eyquem de Montaigne, 프랑스 철학자)

- 기록을 하는 편이 낫다고 나는 스스로에게 말한다. 가끔은 이런 낙서를 누가 읽을까 싶다. 하지만 언젠가는 그것으로 작은 금괴를 만들 수도 있을 거라고 생각한다. 내 회고록에서 말이다.
- 그렇다. 나는 쓸 수 있다! 소재들이 부글부글 끓어오르고 있다. 내가 두려운 것은 그것들을 순서대로 병에 담는 일이다.

버지니아 울프(Adeline Virginia Woolf, 영국 소설가)

글쓰기는 완벽한 자기완성이다. 내가 쓰는 글은 미끄럼틀과 같다. 미끄럼틀 같은 글을 썼을 때 나는 엄청난 성취감을 느낀다.

브라이언 캐스카트(Brian Cathcart, 영국 언론인·대학교수)

생생하고 적나라하게 우리의 의표를 찌르는 글에서 희망을 본다.

앤 라모트(Anne Lamott, 미국 저술가)

모든 작가는 이들을 따라다니는 한 가지 이미지를 가지고 있는 것 같다. 그 이미지가 해결될 때까지 그들은 쓰고 또 쓴다.

앤 리버스 시돈스(Anne Rivers Siddons, 미국 소설가)

내가 글을 쓰는 이유는? 내가 동경하던 사람이 찾아와 이따금씩 우리와 함께 앉아서 자신의 글을 보여주었기 때문이다. 마치 우리도 자신과 똑같은 일을 하고 있다는 듯이 말이다.

앤 패쳐트(Ann Patchett, 미국 소설가)

손을 멈출 때는 단어를 생각하지 말고 떠오르는 그림에 집중하라.

잭 케루악(Jack Kerouac, 미국 소설가)

나는 완전히 지쳤을 때, 내 영혼이 종잇장처럼 얄팍해졌다고 느끼고 있을 때 억지로 글을 쓰기 시작했다. 어쨌든 집필 활동은 모든 것을 변화시킨다.

조이스 캐럴 오츠(Joyce Carol Oates, 미국 소설가)

커피숍에서 글을 쓰는 데 시간과 돈을 낭비하지 말라. 직접 커피를 만들어서 마실 수 있는데 굳이 다른 곳까지 가야 할 필요가 있는가.

크리스티 해링턴(Christie Harrington, 미국 저술가)

나는 사랑하는 사람의 귀에 속삭인다는 생각으로 글을 쓴다.

———————————————————————————————————

테리 템페스트 윌리엄스(Terry Tempest Williams, 미국 저술가·환경운동가)

'예를 들어 말하라!'는 이미 오래된 격언이다. 만일 당신이 어떤 형식이든 글을 쓴다면 그때에도 이 격언을 따르는 것이 좋다. 추상적이고 개념적인 이론을 나열하는 방법만으로는 자신의 주장을 독자들에게 전하기가 어렵다. 개인적인 에세이든 학문적인 글이든 사정은 마찬가지다. 따라서 특히 대중을 향해 글을 쓰는 저자들은 누구나 적합한 예를 찾기에 골몰한다.

———————————————————————————————————

김용규(저술가, 《생각의 시대》 중에서)

작가로서 나는 책을 쓸 소재를 가지고 있지 않다. 내가 가진 것은 삶의 잡동사니와 파편들, 언어로 각인된 누군가의 소소한 대사와 소소한 몸짓과 배경뿐이다. 나는 그것들을 조리 있게 열거해 하나의 논리로 만든다.

———————————————————————————————————

리처드 포드(Richard Ford, 미국 소설가)

묘사는 독자들을 이야기 속으로 끌어들인다. 탁월한 묘사는 후천적인 능력이므로 많이 읽고 쓰지 않으면 성공할 수 없다. 묘사의 방법을 아는 것만으로는 부족하다. 묘사의 분량도 그만큼 중요하다. 묘사력은 직접 해보면서 습득해야 생긴다.

———————————————————————————————————

스티븐 킹(Stephen Edwin King, 미국 소설가)

파워블로거 핑크팬더의 블로그 글쓰기

지옥을 통과하면서도 계란프라이를 만들고 세금을 내고 잠옷을 갈아입어야 한다. 그렇다면 지옥은 당신이 평소에 생활하는 공간에 붙어있다는 이야기다. 얼마나 잘 보이겠는가! 그것을 전부 글로 써라.

애비게일 토머스(Abigail Thomas, 미국 저술가)

글을 쓸 때 중요한 것은 나 자신을 믿으라고, 무엇인가 이루어질 거라고 자기최면을 거는 것이다.

앤 라모트(Anne Lamott, 미국 저술가)

만약 그 글이 쓴 것처럼 보인다면 다시 써라.

엘모어 레너드(Elmore Leonard, 미국 시나리오 작가)

짧은 단어를 쓸 수 있을 때는 절대로 긴 단어를 쓰지 않는다. 빼도 지장이 없는 단어가 있을 경우에는 반드시 뺀다. 능동태를 쓸 수 있는데 수동태를 쓰는 경우는 절대 없도록 한다.

조지 오웰(George Orwell, 영국 소설가)

작가에게 훈련이란 고요해지는 법과 소재가 작가에게 하고자 하는 말에 귀 기울이는 법을 배우는 것이다.

레이첼 카슨(Rachel Carson, 미국 해양생물학자·저술가)

나는 밤새도록 글을 쓰고 강의를 한 다음에 잠을 자고, 다시 밤새도록 글을 쓰고 강의를 한 다음에 잠을 잤다. 건강에 좋은 방법은 아니다. 밖은 늘 컴컴하고 사람들도 만나지 못한다.

테이아 오브레트(Tea Obreht, 미국 소설가)

파워블로거 핑크팬더의 블로그 글쓰기

chapter 6

여섯 번째 글쓰기

문장은
짧고 간결하게

하루만 지나도 엄청난 과거처럼 느껴지는 이 시대에는 짧은 글이 역동적이어서 좋다. 그렇다고 스타카토처럼 너무 짧게 끊어 쓰면 의미 전달이 안 된다. 그런 극단적인 글쓰기가 아니라면 되도록 짧게 쓰는 게 좋다. 너무 길게 이어진 글은 읽는 사람을 숨차게 한다.

언젠가 마크 트웨인은 출판사에서 다음과 같은 연락을 받았다. "이틀 안에 두 쪽짜리 단편이 필요합니다." 마크 트웨인은 이렇게 답장을 보냈다. "이틀 안에 두 쪽짜리는 불가합니다. 이틀 안에 30쪽짜리는 가능합니다. 두 쪽짜리는 30일이 필요합니다."

문장을 길게 쓰는 것보다 짧게 쓰는 것이 훨씬 어렵다. 짧게 쓰려면 단어를 잘 골라야 하고 반복되는 표현을 없애야 한다. 이미 한 말을 다시 하면 짧은 문장에서는 금세 눈에 띈다. 긴 문장에서는 중언 부언이 가능하지만 짧은 문장에서는 힘들다. 처음 글 쓰는 사람들의 문장이 길다. 의외인 것 같지만 당연한 일이다. 잘 쓰지 못한다면서도 문장을 기다랗게 늘이는 게 그들의 특징이다.

나 역시 예외가 아니었다. 처음에는 뭐 그리 할 말이 많은지 한 문장 안에 많은 것을 넣으려 했다. 중간에 쉼표도 넣고 명료하게 할 말을 하고 나서는 마침표를 찍어야 하는데도 계속 연결해서 썼다. 어디서 문장을 끝낼 줄 모르는 경우도 분명히 있었다. 이야깃거리가 많아 계속 떠드는 사람이 대단해 보여서 그랬는지도 모르겠다. 그러나 말 잘하는 사람은 쉬지 않고 떠드는 게 아니라 끊을 때 정확히 끊고 감정을 적절히 표현하는 사람이다.

길게 써도 된다는 착각은 문단과 문장을 정확히 구별하지 못하는 데서 생긴다. 문장과 문장이 연결되어 하나의 문단이 된다. 자신이 주장하려는 내용을 짧은 문장으로 밝히고 이런 문장들이 이어져서 하나의 문단이 완성된다. 하나의 문단은 특별한 이유가 없다면 같은 의미를 전달하는 내용으로 이뤄진다. 한 문단은 길게 이어질 수 있다. 반면 한 문장은 길게 이어지면 읽는 사람이 힘들다. 새로운 내용을 전개하고 싶다면 새로운 문단으로 시작하면 된다.

다음은 내가 쓴 《책으로 변한 내 인생》에 있는 내용이다.

아무런 이유 없이 1년에 200권은 읽어야 책을 읽는다는 말을 들을 수 있지 않을까 합니다. 정말로 아무런 이유도 없습니다. 어쩌면, 제가 아는 분 중에 유식하다고 생각되는 분이 있었는데 그분이 1년에 200권 정도는 책을 읽는다는 말을 들어 그럴지도 모르겠습니다. 그렇다고 단 한 번도 목표 권수를 정하고 읽어본 적도 없고 강박관념에 빠져 책을 읽어본 적은 없지만 책을 읽다 보니 이왕이면 책을 좀 많이 읽고 싶다는 생각은 들지만 늘 생각으로 그치고 맙니다. 지금 읽고 있는 권수가 저에게는 딱 맞는 권수인 듯합니다. 많이 읽으려고 무리하지도 않으면서 읽고 싶은 책들을 읽고 있어서.

고백하자면 저 글을 쓸 당시에는 문장을 짧게 써야 한다는 것을 깨닫지 못했다. 지금이라면 다음과 같이 쓰겠다.

아무런 이유 없이 1년에 200권은 읽어야 책을 읽는다는 말을 들을 수 있지 않을까 합니다.
⋯ 1년에 200권은 읽어야 독서한다고 할 수 있을 것입니다.

정말로 아무런 이유도 없습니다.
⋯ 정말 아무 이유도 없습니다.

어쩌면, 제가 아는 분 중에 유식하다고 생각되는 분이 있었는데 그분이 1년에 200권 정도는 책을 읽는다는 말을 들어 그럴지도 모르겠습니다.
⋯ 1년에 200권을 읽는 유식한 분을 알고 있어서 그렇게 생각하는

것 같습니다.

그렇다고 단 한 번도 목표 권수를 정하고 읽어본 적도 없고 강박관념에 빠져 책을 읽어본 적은 없지만 책을 읽다 보니 이왕이면 책을 좀 많이 읽고 싶다는 생각은 들지만 늘 생각으로 그치고 맙니다.

⋯ 단 한 번도 목표 권수를 정하고 강박관념에 빠져 읽어본 적은 없습니다. 책을 많이 읽으면 좋다는 것은 알지만 늘 생각에 그칩니다.

지금 읽고 있는 권수가 저에게 딱 맞는 권수인 듯합니다.

⋯ 지금 읽는 정도가 저에게 딱 맞는 권수인 듯합니다.

많이 읽으려고 무리하지도 않으면서 읽고 싶은 책들을 읽고 있어서.

⋯ 무리하지 않으면서 읽고 싶은 책을 읽고 있으니.

전체 문장을 합쳐 문단으로 보면 다음과 같다.

1년에 200권은 읽어야 독서한다고 할 수 있을 것입니다. 정말 아무 이유도 없습니다. 1년에 200권을 읽는 유식한 분을 알고 있어서 그렇게 생각하는 것 같습니다. 단 한 번도 목표 권수를 정하고 강박관념에 빠져 읽어본 적은 없습니다. 책을 많이 읽으면 좋다는 것은 알지만 늘 생각에 그칩니다. 지금 읽는 정도가 저에게 딱 맞는 권수인 듯합니다. 무리하지 않으면서 읽고 싶은 책을 읽고 있으니.

이전보다 글의 양이 적지만 내용을 이해하는 데 전혀 지장이 없다. 오히려 깔끔하고 더 명료하다. 만연체라고 하여 길게 문장이 이어지는 글이 있다. 이런 글을 더 멋스럽게 보던 시절도 있었다.

소설은 17세기 무렵부터 본격적으로 등장했다. 그 당시에 살던 사람들은 오늘이나 내일이나 삶의 변화가 거의 없었다. 긴 호흡으로 하루를 살아도 문제가 되지 않았다. 고전 소설이 길게 늘어지는 것은 바로 그 때문이다. 소설이 세상에 나온 시대 상황과 맞아떨어진 글 호흡이다.

지금 우리가 사는 시대는 호흡이 짧다. SNS 글을 비롯해 모든 글을 짧게 쓴다. 심지어 몇몇 SNS는 글자 수가 정해져 있다. 해야 할 말을 짧은 문장 안에 함축해서 표현하는 시대다. 웃어른이 일장 연설로 긴 시간을 잡아먹으면 지루해하는 시대다. 짧고 굵게 말하는 어른이 더 환호를 받는다. 그 안에 필요한 말을 하면 다 알아듣기 때문이다. 우리가 쓰는 글도 마찬가지다. 길게 쓰면 고리타분하고 지루해진다.

하루만 지나도 엄청난 과거처럼 느껴지는 이 시대에는 짧은 글이 역동적이어서 좋다. 그렇다고 스타카토처럼 너무 짧게 끊어 쓰면 의미 전달이 안 된다. 그런 극단적인 글쓰기가 아니라면 되도록 짧게 쓰는 게 좋다. 너무 길게 이어진 글은 읽는 사람을 숨차게 한다. 표현하고 싶은 내용을 한 문단 안에 전달하면 된다. 굳이 길게 써야만 의미가 잘 전달되는 것은 아니다.

짧고 굵게, 할 말을 정확하게 전달한 글이 좋은 글이다. 힘없이 끊어질 듯 전개되는 글보다는 할 말을 한 문장으로 짧게 전달하고 다음 문장으로 또다시 연결되는 글이 힘 있다. **지금부터 의식적으로 짧게 쓰도록 노력해보자. 짧은 글이 훨씬 간결하고 의미 전달도 잘 된다는 사실을 깨닫게 될 것이다. 흐리멍덩한 긴 글보다 명료하게 생각을 전달하는 짧은 글이 낫다.**

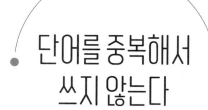

단어를 중복해서 쓰지 않는다

말과 달리 글에서는 같은 단어를 무한 반복으로 쓰지 않는다.
그렇더라도 자기도 모르게 같은 단어를 반복적으로 쓰는 경우가 많다.
그런 경우에 글의 맛이 심심해진다. 쓰는 입장에서는 편할지 몰라도
의미를 좀 더 효과적으로 전달하는 면에서 아쉽고 촌스럽다.

누구나 좋은 글을 쓰고 싶은 욕심이 있다. 글 쓰는 훈련을 받는다
면 어떤 방법이 제일 좋을까? 가장 좋은 방법은 역시 끊임없이 읽고
쓰는 것이다. 그 이상의 글쓰기 훈련은 없다. 좋은 글을 읽으면 좋은
글이 나온다. 글은 결국 지은이의 생각을 알리는 것이다. 자신의 생
각을 얼마나 잘 전달하느냐가 핵심이다.

용기에 대해 전달하고 싶은 이가 용기를 중요하게 생각해서 용기를 거듭해서 쓴다면 용기가 훌륭히 전달될까?

위 문장을 보면 용기라는 단어가 되풀이된다. 같은 단어가 계속 나오니 지겹다. 의도적으로 단어를 중복해서 표현했다. 어떤 기분인지 직접 느끼게 하고 싶었다. 아무리 강조해도 지나치지 않은 내용일지라도 같은 단어를 한 문장에 여러 번 써서는 안 된다. 그러나 의식하지 않으면 한 단어를 반복해서 쓰게 된다.

나는 중학생 때부터 일기를 썼지만 글을 쓴다고는 생각하지 않았다. 본격적으로 서평을 쓰던 어느 날 깨달았다. 내가 지금 글을 쓰고 있다는 사실을. 일기와 달리 리뷰는 누군가 읽고 있다는 것을 어느 순간 알게 되었다. 서평에 대한 사람들의 반응을 보고 답글을 달다 보니 별생각 없이 쓰던 글쓰기가 달라졌다.

누군가 읽고 있다고 생각하니 더 잘 써야겠다고 판단되었다. 누구를 의식한 것은 아니지만 이왕이면 잘 쓰고 싶다는 욕심이 생겼다. 우선 똑같은 단어를 한 문단 안에서 반복해서 쓰지 않도록 노력했다. 한 번 쓴 단어는 같은 문장 또는 다음 문장에서 다시 쓰지 않도록 했다.

이 방법은 결코 쉽지 않다. 무엇보다 대체할 단어를 알고 있어야 한다. 그렇다고 굳이 많은 단어를 알아야 할 필요는 없다. 비슷한 의미가 있거나 대체할 수 있는 단어는 얼마든지 있다. 내용 전개상 이미 쓴 단어 말고 뜻이 통할 수 있는 단어로 대체하면 된다. 글쓰기에 정답이 없다

파워블로거 핑크팬더의 블로그 글쓰기

고 이미 언급한 것처럼 단어를 중복해서 쓰지 말자는 내 이야기도 정답은 아니다. 그러나 내 글은 단어를 중복해서 쓰지 않아 훨씬 깔끔하고 세련되게 변했다고 느낀다.

평소 이야기할 때를 한번 생각해보자.

"음…… 어제 우리 식구가 저녁을 먹으러 외출을 했어. 음…… 어디로 갈까. 어…… 고민이 되더라고. 어…… 멀리 가기는 힘드니까. 음…… 동네 주변으로 가기로 했어. 어…… 어떤 걸 먹을까 고민하다가 어…… 고기나 먹자고 했지. 어…… 결국에는 삼겹살을 먹기로 하고 고깃집에 갔지. 어…… 그런데 삼겹살 맛이 그다지 좋지 않더라고. 어…… 그래도 어쩌겠어. 다 같이 먹기로 하고 간 것인데. 어…… 그렇게 간만에 먹었는데 고기 맛이 별로라도 어…… 난 온 가족이 함께 밥을 간만에 먹어 참 좋았어."

실생활에서 이렇게 말하는 사람이 있을 것이다. 굳이 그럴 필요가 없는데도 '음'이나 '어'를 계속 쓰고 있으니 귀에도 거슬리고 의미를 제대로 파악할 수도 없다.

말과 달리 글에서는 같은 단어를 무한 반복으로 쓰지 않는다. 그렇더라도 자기도 모르게 같은 단어를 반복적으로 쓰는 경우가 많다. 그런 경우에 글의 맛이 심심해진다. 쓰는 입장에서는 편할지 몰라도 의미를 좀 더 효과적으로 전달하는 면에서 아쉽고 촌스럽다.

단어를 반복하지 않으면 무엇보다도 표현이 저절로 풍부해진다. 비숱한 단어를 찾아 대체하면 글이 확실히 달라진다. 똑같은 표현이어도 어떤 단어로 구성하느냐에 따라 다른 글이 나온다. 단어마다 어울리는 조사와 접속사, 어미가 다르다. 의식적으로 더 멋있고 풍부한 묘사를 하려고 노력하지 않아도 된다. 단어만 다른 것으로 대체해도 글쓰기 실력이 향상된다.

예를 들면 다음과 같다.

어제저녁에 밥을 먹었다. 온 가족이 함께 밥을 먹자고 약속해서 먹은 밥이다. 밖에 나가 밥을 먹자고 했기에 모두가 여러 곳을 찾아봤지만 먹을 만한 밥집이 없었다. 멀리 가기도 힘들어 동네에서 먹기로 했다. 딱히 생각나는 밥집도 없어 삼겹살을 먹기로 했다. 삼겹살은 맛이 별로였다. 그저 온 가족이 다 함께 밥을 먹었다는 데 의의를 두기로 했다. 삼겹살 맛은 별로였어도 온 가족이 다 함께 먹어 참 좋은 시간이었다.

이것을 다음과 같이 쓴다.

어제저녁에 온 가족이 모여 식사를 했다. 외식하기로 정하고 여러 곳을 찾아봤지만 딱히 끌리는 맛집이 없었다. 멀리 가기도 힘들어 동네에서 먹기로 했다. 무난하게 삼겹살로 정하고 가까운 곳으로 갔다. 고기 맛은 별로였다. 그저 가족 모두 만나 즐거운 시간을 보냈다는 것에 의의를 두기로 했다. 식구들이 함께 저녁을 먹으니 정말 좋았다.

두 문단은 똑같은 이야기로 내용도 동일하다. 첫 번째 것과 달리 두 번째 것은 동일한 단어를 의식적으로 피했다. 첫 번째 글보다 두 번째 글이 훨씬 세련되고 정제되어 있다. 의미 전달이 더 잘된다. 같은 단어를 쓰지 않도록 노력한 결과 글이 훨씬 매끄럽다. 단지 중복되는 단어만 바꿔도 표현과 의미 전달이 명확해진다. 좋은 글을 쓰는 데 분명하고 효과적인 방법이다.

눈치챘는지 모르겠지만 이번 글에서 유독 '단어'라는 표현을 많이 썼다. 다른 것으로 대체하려고 노력할 수도 있었겠지만 굳이 그러지 않았다. 확실히 단어라는 표현이 자주 언급되니 글이 전체적으로 지루하고 지겹다. 새롭게 치고 나가야 할 부분에서도 같은 말을 반복하니 늪에 빠진 느낌이 든다. 이번 장에서 단어가 중요하다는 것을 강조하다 보니 다른 말로 대체하지 못했다.

중복을 피하려는 강박관념에 빠지면 더 안 좋은 글이 된다. 물 흐르듯이 자연스럽게 운율에 맞는 글이 가장 좋다. 하지만 우리처럼 이제 막 시작한 입장에서는 무리다. 단어의 중복만 피해도 당신의 글쓰기 실력은 일취월장하게 된다. 쉽지 않지만 충분히 도전할 만한 글쓰기 실력 향상 방법이다. 반복되는 표현을 피하면 글쓰기가 더욱 재미있고 즐겁다. 지금부터 당장 실천해보자.

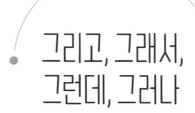

그리고, 그래서, 그런데, 그러나

접속사는 공포 영화에서 결정적인 순간에 공포 장면이 나오는 것 같은
효과를 내야 한다. 굳이 필요하지 않은데
문장이나 문단을 새롭게 시작할 때 무조건 접속사를 넣어보면
글이 얼마나 투박해지는지 알 수 있다.

어느 날 내가 쓰는 글의 스타일이 눈에 들어왔다. 거기엔 워낙 반복적인 패턴을 지겨워하는 성향도 한몫했다. 내 글에서 반복되는 패턴 중 대표적인 것은 접속사였다. 내가 '그러나' '그런데' '그래서' '그리고' 같은 접속사를 상당히 많이 쓴다는 사실을 깨달았다. 그 이유는 단 하나, 편하기 때문이었다.

글을 쓰다 보면 문맥이나 문장의 흐름을 바꿔야 할 때가 있다. 이럴 때 가장 좋은 방법은 접속사를 쓰는 것이다. 접속사에 대한 사전적인 정의는 이렇다. "앞에 오는 단어나 구句 또는 문장을 받아서 뒤에 오는 단어·구·문장과 이어주는 단어. '이음씨'라고도 한다." 그리고처럼 병렬 관계, 그래서처럼 인과 관계 등이 되도록 이어주는 접속사가 있다. 그러나, 그런데처럼 서로 반대되도록 이어주는 접속사도 있다.

접속사를 잘 활용하면 글이 자연스럽게 이어지거나 강조되고 주장을 더욱 부각할 수 있다. 그러나 악마의 레시피처럼 접속사를 너무 자주 쓰는 것은 더 좋은 맛을 내겠다고 조미료를 과다하게 넣어 너무 짜게 하거나 음식 고유의 맛이 사라지게 하는 것과 같다. 접속사는 달콤한 유혹이다. 접속사 없이 두 문장을 연결하는 것이 힘들다. '그리고, 그래서, 그런데, 그러나' 같은 접속사를 문장 앞에 놓으면 마음도 편해지고 문맥도 자연스러운 것 같다.

나는 아무 의식 없이 글을 쓰다가 어느 순간 내 글에 접속사의 향연이 벌어진 것을 발견했다. 조금만 글이 어색하면 무조건 접속사로 연결했다. 그리고 나면 물 흐르듯이 자연스럽게 문장이 이어지며 만족스러운 것 같았다. 좀 더 자연스럽게 문장과 문장을 이어주는 방법이 분명 있을 텐데 악마의 유혹을 뿌리치지 못하고 접속사를 사용했다. 접속사를 쓰지 말아야겠다고 생각했다. 꼭 필요한 경우가 아니면 접속사를 쓰지 않도록 의식적으로 노력했다.

가장 대표적인 예로 '그러나'를 쓰면 마음이 편해진다. 열심히 설명하다가 반대되는 설명을 하려 문장을 바꿀 때 '그러나'는 마법 같은 효과를 낸다. 글을 쓰는 입장에서도, 글을 읽는 입장에서도 명확하게 다른 이야기를 하려 한다는 심호흡이 저절로 느껴진다. 하지만 접속사 없이 문장을 연결하면 글이 훨씬 더 매력적으로 변하고 전달력도 강해진다.

최근에는 그리고, 그래서, 그런데, 그러나를 과도하게 쓰지 않도록 노력하고 있다. 너무 자주 썼다는 반성이 반대급부가 되어 아예 쓰지 않으려 노력한다. 억지로 안 쓰다 보면 어색하게 문장이 연결되는 측면도 있다. 접속사를 무조건 쓰지 말라는 의미는 아니다. 접속사 활용을 적극 찬성하는 사람도 있다. 글의 흐름을 더욱 강조하거나 변경할 때 접속사처럼 좋은 효과를 내는 것은 없다. 이런 점 때문에 접속사를 잘 활용하라고 한다.

접속사를 잘 활용하는 것과 자주 쓰는 것은 엄연히 다르다. 공포 영화가 무서운 이유는 관객을 깜짝 놀라게 할 장면이 언제 나올지 모르기 때문이다. 평범한 장면이 이어지다가 연기자의 연기와 장면이 서서히 고조되면서 곧 나올 공포 장면을 음악이 암시한다. 한시름 놓았을 절묘한 타이밍에 극적인 음악 효과와 더불어 연기자가 비명을 지르면 관객이 전부 놀란다.

공포 영화를 본 사람은 알겠지만 이런 극적인 효과는 가끔 나와야 극대화된다. 시종일관 관객을 깜짝 놀라게 하는 장면이 이어진다면 전혀 무섭지 않다. 접속사는 공포 영화에서 결정적인 순간에 공포 장면이 나오는 것 같은 효과를 내야 한다. 굳이 필요하지 않은데 문장이나 문단을 새롭게 시작할 때 무조건 접속사를 넣어보면 글이 얼마나 투박해지는지 알 수 있다.

이와 관련해 작가 안정효는 다음과 같이 조언한다.

> 말 더듬기는 의학적으로 여러 원인이 있겠지만 자신감의 결여를 대표적 원인으로 본다. 글 더듬기는 접속사로 인하여 일어난다. 루돌프 플레시는 〈잘 읽히는 글쓰기〉에서 '그리고', '그래서', '하지만'을 모두 제거하라고 했다. 이렇게 해도 전혀 글의 흐름이 막히지 않는다고 하였다. 막히는 것이 아니라 청소를 끝낸 하구의 물처럼 시원하게 흐를 것이라 했다. '그로부터', '그러므로'를 사용하여 앞 문장과 연결하지 말라고도 하였다. 정 없애기가 어려우면 '그렇기 때문에'와 같이 긴 접속사는 '그래서'로 바꾸는 등 되도록이면 글자 수를 줄이라고 하였다.
>
> 접속사가 너무 많은 글은 불안이 가득한 글이다. 접속사를 많이 쓰는 이유는 앞의 문장과 단절이 되는 것 같아서 자꾸만 걸고넘어지는 데서 생긴다. 자신의 글에서 접속사를 과감히 삭제해봐라. 목을 치듯 무자비하게 솎아내라. 문장이 각각 노는 것이 아니라 접착제를 쓴 것처럼 찰싹 붙음을 알 수 있다. 문장이 간결해지고 압축된다. 폭발력이 생겨난다. 너덜너덜 긴 문장에 있던 두려움이 사라졌기 때문이다.
>
> — 안정효(《안정효의 글쓰기 만보》, '글더듬이 접속사' 중에서)

접속사를 생략하는 것은 어쩌면 금연과 금주만큼 힘들지도 모른다. 작심삼일이 되어 며칠 안에 다시 담배 피우고 술 마시는 사람처럼 나도 모르게 접속사를 쓸 수 있다. 한 번도 이런 점을 자각하거나 깨닫지 못하고 글을 쓴 사람이라면 이 기회에 한번 실천해보는 것이 어떨까? 아마도 처음에는 많이 힘들 것이다.

접속사의 유혹은 의외로 강하다. 그러나 접속사를 생략하면 문장에 힘이 생기고 더 좋은 글이 된다. 글에 힘을 싣고 더 잘 쓰고 싶다면 접속사를 생략하라. 차이점이 느껴지는가?

: 여섯 번째 글쓰기 :

소리 내어
읽어보라

글이 자연스러운지 알아보는 방법에는 여러 가지가 있겠지만
가장 좋은 것은 역시 소리 내어 읽는 것이다.
읽으면서 발음이 꼬이거나 매끄럽지 못한 것을 느낄 수 있다.
쓸 때와 달리 읽다 보면 스스로 깨닫게 된다.

 입에 볼펜을 물고 ㄱㄴㄷㄹ을 외치고 가나다라를 발음한다. 배우
들이 연기에 앞서 하는 딕션diction 연습이다. 표정 연기가 훌륭한
배우라도 발음이 이상하면 연기가 부자연스러워 보인다. 단지 발
음과 발성만 좋아도 훌륭한 연기로 인정받곤 한다. 배우는 대본을
펼쳐놓고 직접 읽어본다. 대사가 실생활에서 쓰는 언어로 되어 있
어 입에 착착 달라붙어야 한다. 글로 된 대사가 입에서 나왔을 때

자연스럽지 못하면 엉뚱하게 연기자가 욕을 먹을 수 있다.

글을 눈으로 읽는 맛과 입으로 소리 내어 읽는 맛은 확실히 다르다. 눈으로 읽을 때 좋았던 글을 막상 입으로 말해보면 마음에 들지 않을 때가 있다. 소리 내어 읽을 때 어색한 글은 별로인 경우가 많다. 자기 글에서 어색하고 이상한 점을 발견하기란 쉽지 않다. 자신만의 스타일이 있기 때문이다. 멀리서 봐도 누가 걸어오는지 알아채는 것처럼 자기도 모르게 버릇처럼 쓰는 글 스타일이 있다.

글을 쓸 때 그 글을 가장 먼저 읽는 사람은 자기 자신이다. 글을 쓰면서 자기도 모르게 속으로 읽는다. 입으로 소리 내어 읽는 것이 아니어서 어디가 어색하고 부자연스러운지 모를 수 있다.

좋은 글이 어떤 글인지에 대한 의견은 분분하다. 사람마다 좋아하는 것이 다르고 스타일이 제각각이듯 좋은 글에 대한 정의도 다양하다. 연기 잘하는 배우도 누군가에게는 별로라는 이야기를 듣는 것과 비슷하다. 내 글에 자신감을 가진다고 해서, 내 글의 문맥이 자연스러운 것은 아니다.

글이 자연스러운지 알아보는 방법에는 여러 가지가 있겠지만 가장 좋은 것은 역시 소리 내어 읽는 것이다. 소리 내어 읽기 전에는 전혀 깨닫지 못하는 것들이 있다. 쓸 때와 달리 읽다 보면 발음이 꼬이거나 매끄럽지 못한 것을 느낄 수 있다. 눈으로 볼 때와 달리 입으로 읽을 때 자꾸 머뭇거리게 되고 중단해야만 하는 어절이 나올 수 있다.

자기 글에 대해 중립적으로 평가를 내리기란 힘든 일이다. 소리 내어 읽는다고 자기 글에 대해 완전히 객관적인 입장이 되는 것은 아니지만, 최소한 어색한 부분을 자각할 수는 있다.

인류 역사를 되돌아볼 때 쓰기보다 읽기가 먼저였다. 기록보다 구전이 먼저였다. 문자나 종이가 없던 시절에는 기록으로 남길 수 없기에 사람의 머릿속에 있는 걸 상대방에게 소리 내어 알려준 뒤 외우게 했다. 후대에 와서 그걸 기록으로 남긴 경우가 대다수다. 꼭 그런 이유에서만은 아니겠지만 소리 내어 읽으면 글이 더 명확하게 머릿속으로 들어와 어색한 부분을 쉽게 발견하게 된다.

열심히 글을 쓰다 보면 가끔 막힐 때가 있다. 글의 마무리 단계면 그나마 다행인데 이제 도입부를 쓰고 있는데 막히면 아찔하다. 이럴 때 소리 내어 읽는 것이 의외로 도움이 된다. 공부 방법 중에 제일 좋은 것이 눈으로 보면서 손으로 쓰고 입으로 읽는 것이라고 한다. 모든 감각이 함께 움직임으로써 연상 작용이 일어나 두뇌가 더욱 활발하게 작동한다. 글을 쓸 때도 입으로 읽으면 효과가 극대화되어 자연스럽게 다음 내용이 떠오르는 경우가 있다.

소리 내어 읽는 것은 독서를 잘하는 방법 중 하나다. 눈에 잘 들어오지 않는 어려운 책을 읽을 때면 졸린 순간이 있다. 눈꺼풀이 무거워진 눈에 글자가 들어오지만 머리에서 튕겨 나가는 것 같다. 자꾸 딴생각이 나며 독서가 지겨워진다. 이럴 때 낭독은 큰 도움이 된다. 입을 벌리고 소리를 내야 해서 졸릴 틈이 없다. 눈으로 보고 입으로 소리 내어 최소한 두 가지 감각 기관을 활용하니 집중도가 더욱 올라간다.

누구든 자신이 쓴 글을 직접 읽어보면 느끼게 된다. 읽다 보면

'잉?' 하고 이상하게 멈칫하는 순간이 온다. 읽기가 부자연스럽다면 고쳐본다. 다시 읽어볼 때 부드럽다면 올바르게 쓴 것이다. 거짓말 같지만 한 번만이라도 해보면 알게 된다.

말과 글은 결코 다른 것이 아니다. 말을 받아쓰면 글이 된다. 말이 아닌 글로 적으려 하니 힘든 것이다. 애초에 글보다 말이 먼저였음을 잊지 말자.

글은 말을 그대로 옮긴 것과는 분명히 다르다. 글은 말보다 정제된 표현과 심사숙고라는 과정을 거친다. 이 과정에서 평소와 다르게 쓰는 '글'로 적다 보니 스스로 어색한 것을 전혀 느끼지 못한다. 말할 때 우리는 입에서 내뱉자마자 깨닫는다. 실수였다는 걸. 버벅거리면 버벅거린다고 자각한다. 이와 달리 글에선 스스로 실수를 눈치채는 게 쉽지 않다. 청산유수로 말하는 사람도 글로 받아 적으면 앞뒤가 맞지 않는 경우가 많다. 글이 어려운 이유다.

충분히 심사숙고해서 나온 글은 횡설수설하진 않아도 매끄럽지 못하거나 툭툭 끊어질 수는 있다. 이럴 때 좋은 방법이 소리 내어 읽는 것이다. 배우들이 대사를 잘하는 이유 중의 하나는 한국어만이 가지고 있는 고저장단高低長短을 잘 표현해서다. 영어가 부드럽게 들리는 이유는 고저장단이 있기 때문이다. 한국어에도 장음과 단음이 있다. 국어사전을 찾아보면 장음인 경우 단어에 표시되어 있는 것을 알 수 있다. 단어에 따른 장단만 잘 표현해도 음색이 아름다워지고 말의 묘미가 살아난다.

딕션과 장단음의 연습은 음색이 별로인 사람에게 큰 도움이 된다.

물론 글을 소리 내어 읽으라는 게 발성 연습을 하라는 의미는 결코 아니다. 자신이 쓴 글을 검토하는 단계에서 타인에게 자문이나 첨삭을 받기 어려울 때 혼자 활용할 수 있는 방법으로 소리 내어 읽는 것이 좋다. 누가 또 아는가! 글을 읽다가 어느 순간 목소리가 좋아진 자신을 발견하게 될지도. 소리 내어 읽기로 일석이조의 효과를 볼 수 있다.

지금 이 순간 도서관에서 노트북을 켜놓고 소리 죽여 중얼거리는 사람이 있다면 아마도 자신의 글을 검토하는 중일지 모른다. 큰 소리로 읽을 필요 없이 조용히 읽기만 해도 충분히 효과를 볼 수 있다. 입에 착 달라붙지 않으면 다른 단어로 바꾼 뒤에 읽고 검토해보라. 좋은 글을 쓰려는 당신에게 이 정도 노력은 지극히 자연스럽지 않을까?

좋은 글은 읽기에도 좋다. 눈으로 보기에도 입으로 소리 내기에도 좋다. 명심하고 직접 읽어보자.

남의 글을 베끼며
실력을 키워라

가장 가볍고도 부담 없이 베껴 쓸 수 있는 글은 신문 칼럼이다.
막상 베껴 쓰려고 할 때 글이 너무 길면 시작하기도 전에 질린다.
신문 칼럼은 대부분 1,000자 내외로 칼럼니스트가
주장하는 바를 기승전결로 드러낸다.

글을 잘 쓰기 위해 필사는 꼭 필요한 연습입니다. 또한 필사는 정
독 중의 정독입니다.

— 조정래(소설가)

실력을 키우는 가장 좋은 방법은 자신보다 잘하는 사람을 흉내
내는 것이다. 농담을 하는 게 아니다. 어느 분야에서든 성공한 사람

은 흉내에서 출발했다. 해당 분야에서 실력이 가장 좋은 사람의 모든 것을 따라 한다. 예체능 분야에서 스타가 된 사람의 인터뷰 내용을 읽어보면 예외 없이 처음에는 존경하는 스타를 따라 하며 실력을 키웠다는 이야기를 한다.

글쓰기에도 이 방법은 유효하다. 아니, 그 이상의 효과를 낸다. 잘 쓰는 사람의 글을 베껴 쓰는 효과는 이미 검증되었다. 내가 처음으로 주장하는 새로운 방법이 아니라 글쓰기에 대해 더 논할 필요가 없는 사람들이 권하는 방법이다. 정조, 레오나르도 다빈치를 비롯해 조정래까지 이구동성으로 외친다. 베껴 쓰기는 최고의 글쓰기 방법이라고. 좋은 글을 쓰기 위해 이보다 더 적절하고 훌륭한 방법은 없다고 말한다.

《태백산맥》《아리랑》《한강》 등 굵직한 대하소설을 낸 조정래는 지금까지 팔린 책이 무려 1,700만 부 이상이 된다. 《정글만리》도 170만 부가 팔리며 100쇄를 찍었다. 조정래 작가는 아들과 며느리에게 필사를 시킨 것으로도 유명하다. 며느리는 《태백산맥》 전 10권 시리즈 필사 후에 《아리랑》까지 자발적으로 필사했다. 조정래 작가가 아들과 며느리에게 필사를 시킨 여러 이유가 있지만, 그중 글쓰기에만 한정하면 다음과 같다.

지식으로 살아가려면 자신의 생각을 직접 글로 쓸 줄 알아야 한다. 소설을 베끼다 보면 분명히 문장력이 강화되는 효과가 있다. 책을 열 번 읽는 것보다 한 번의 필사가 독해에 더 도움이 된다.

단순히 글을 베껴 쓴다고 좋은 글을 쓸 수 있는 것은 아니다. 베껴 쓰면서 어휘와 문장력을 함께 길러야 한다. 막연히 아무 생각 없이 베껴 쓰는 것은 의미가 없다. 위대한 작가의 글을 자판기로 두들기거나 힘들게 공책에 적는 것에 그치면 굳이 베껴 쓰기를 할 필요가 없다.

좋은 글을 베껴 쓰다 보면 자신도 모르게 그 글의 작가와 비슷한 스타일로 쓰게 된다. "모방은 창조의 어머니"라는 말이 괜히 나온 것이 아니다. 무에서 유를 창조하기는 힘들어도 기본 바탕이 마련되면 그 위에서 더 좋은 글이 나올 수 있다.

베껴 쓰기의 효과는 이미 수없이 많은 책에서 언급하고 있고 수많은 작가들이 고백하고 있다. 최고의 글쓰기는 베껴 쓰기부터라는 주장은 결코 틀리지 않았다.

가장 가볍고도 부담 없이 베껴 쓸 수 있는 글은 신문 칼럼이다. 막상 베껴 쓰려고 할 때 글이 너무 길면 시작하기도 전에 질린다. 신문 칼럼은 보통 1,000자 내외로 칼럼니스트가 주장하는 바를 기승전결로 드러낸다. 한 신문사에서 20년 넘게 글로 먹고살아 온 기자 출신 중에 뽑힌 사람이 쓴 글이라, 주장하는 바가 명확하고 짧다.

이런 글은 아무나 쉽게 쓸 수 있는 것이 아니다. 아무리 글을 잘 쓰는 사람도 1,000자 내외로 주장을 분명하게 전달하는 능력은 부족할 수 있다. 오랜 트레이닝을 거친 칼럼니스트만이 제한된 지면 내에서 자신의 주장을 펼친다. 그들이 쓴 신문 칼럼이 최고의 베껴 쓰기 교본이라 불리는 이유다.

나는 읽은 책의 프롤로그를 베껴 쓴다.
어떤 책이든 프롤로그에서는 저자가 어떤 이야기를 할 것인지
알려주고 친절하고도 상세하게
독자들이 어떻게 읽었으면 좋겠다고 제시한다.

신문 칼럼은 베껴 쓰기에도 적은 분량이라 상대적으로 부담이 덜하다. 그렇다고 신문 칼럼을 단순히 베껴 쓰기만 하면 아무런 효과가 없다. 신문 칼럼을 베껴 쓴 뒤에 자신이 다시 그 내용을 근거로 새롭게 쓴다. 처음부터 달성하기 쉬운 목표는 아니지만 가급적 1,000자 내외로 쓰도록 연습한다. 짧은 분량 안에서 기승전결이 성립되게 쓸 수 있다면, 어디 가서 글 못 쓴다는 이야기는 듣지 않을 것이다.

나는 읽은 책의 프롤로그를 베껴 쓴다. 어떤 책이든 프롤로그에서는 저자가 어떤 이야기를 할 것인지 알려주고, 친절하고도 상세하게 독자들이 어떻게 읽었으면 좋겠다고 제시한다. 어떤 책이든 처음 읽을 때는 프롤로그를 읽어도 딱히 감흥이 없다. 책을 완독한 뒤에 서평까지 다 쓰고 나서 프롤로그를 베껴 쓰면 되새김질이 된다. 책의 내용은 이미 어느 정도 머릿속에 들어와 있는 이때 프롤로그 베껴 쓰기는 마침표 역할을 한다.

프롤로그 베껴 쓰기의 효과는 의외로 많다. 프롤로그를 베껴 쓰면서 저자가 어떤 내용을 이야기하려고 했는지 정확히 알게 되고, 내가 읽으

면서 놓쳤던 부분을 뒤늦게 깨닫게도 된다. 프롤로그 베껴 쓰기를 하면서 내가 몰랐던 띄어쓰기나 맞춤법을 배우는 경우도 있다. 평소에 어떤 표현이 정확한지 알 수 없을 때 인터넷 어학 사전 등으로 찾아보는데, 베껴 쓰기를 하면 그런 것에 대한 갈증이 해소된다. 책으로 출판된 글은 전문가들이 띄어쓰기와 맞춤법 등의 검토를 끝낸 뒤라 어느 정도 믿고 참고할 수 있다.

이 책에서는 베껴 쓰기의 여러 효용 중 글쓰기 효과에 대해서만 말했지만, 누군가는 베껴 쓰기를 통해 힐링을 하고 작가의 모든 것을 흡수하는 체험도 한다. 베껴 쓰기를 실천해 큰 도움을 받고 훌륭한 작가가 된 사람도 많다.

베껴 쓰기, 즉 필사의 중요성을 언급하는 것은 오히려 새삼스럽다. 학창 시절에 누구나 한 번은 필사를 하기 때문이다. 초등학생, 중학생, 고등학생들은 공부하며 중요한 부분은 연습장에 쓰며 외운다. 특정 부분을 필사하는 숙제를 하기도 한다. 영어 공부를 위해 영어 책을 통째로 베껴 쓰기도 한다. 필사는 한 번도 해본 적 없는 낯선 행동이 아니고 부담을 가질 필요도 없다는 이야기이다. 누구나 가볍게 시작하고 충분히 도전해볼 수 있는 글쓰기 연습이 바로 필사다.

단지 베껴 쓰기로 끝나지는 말라. 아무 생각 없이 글을 베껴 쓰다 보면 시간이 정말 잘 간다. 열심히 타이핑하는 것에 그친다면 쓸데없는 시간 낭비가 되어버린다. 베껴 쓰는 목적을 잊지 말아야 한다. 베껴 쓰기는 글쓰기 훈련의 일환이다. 좋은 글을 베껴 쓰며 기술을 습득한다고 생각하면서 그 글의 장점을 내 것으로 만들어야 한다.

그래야 내 글이 좋아진다.

시중에는 베껴 쓰기의 교본도 많고 베껴 쓰기 하는 방법에 대해 알려주는 책도 많다. 베껴 쓰기에 대해 더 관심 있고 구체적으로 세밀한 부분까지 알고자 하는 분은 그런 책을 참고하면 될 듯하다. 혹시 이 책으로 베껴 쓰기를 한다면 나로서는 무척이나 영광이다. 그만큼 누군가에게 좋은 글이란 뜻이고, 베껴 쓸 만하다는 인정을 받은 것이니 말이다.

어떤 글로 시작하든 어떤 방식으로 하든, 베껴 쓰기에 방점 찍지 말고 좋은 글을 쓰기 위한 노력에 핵심을 두고 써보자!

베껴 쓰는 목적을 잊지 말아야 한다.
베껴 쓰기는 글쓰기 훈련의 일환이다.
좋은 글을 베껴 쓰며 기술을 습득한다고 생각하면서
그 글의 장점을 내 것으로 만들어야 한다. 그래야 내 글이 좋아진다.

나는 내가 느끼는 것들을 느꼈고, 내가 느끼는 것들을 알았으며, 내가 느끼는 것들을 글로 썼다.

로빈 룸(Robin Room, 호주 심리학자)

나는 글쓰기의 비결이 태도라고 생각한다. 희망, 즉 모험에 대한 확고한 신념 말이다.

바버라 킹솔버(Barbara Kingsolver, 미국 소설가)

나는 아주아주 작은 포스트잇에 아주아주 작게 글을 썼다. 그것들을 벽에 붙여두었다가 아침에 떼어서 모으곤 했다.

앨리스 W. 플래허티(Alice Weaver Flaherty, 미국 신경학자)

내가 '그런' 글을 쓰게 될 줄은 몰랐지만 어쨌든 글을 쓰게 되리라는 것은 알았다. 그러지 않을 수가 없었다. 내가 기억하는 한, 나는 항상 이야기를 만들고 있었다. 다만 그것을 글쓰기라고 부르지 않았을 뿐.

앨리스 앤 먼로(Alice Ann Munro, 캐나다 소설가)

소설을 쓴다는 것은 밤중에 자동차를 운전하는 것과 같다. 당신은 오로지 헤드라이트가 비추는 만큼만 볼 수 있지만, 그런 식으로 끝까지 여행을 마칠 수 있다.

에드거 로런스 닥터로(Edgar Lawrence Doctorow, 미국 소설가)

글쓰기는 일종의 공예다. 당신은 그 일을 해야 한다. 산만한 단어들을 기꺼이 내려놓아야 한다. 그래야만 비로소 마법이 일어난다.

제니퍼 바질(Jennifer Basil, 미국 저술가)

그림같이 써라. 그러면 기억 속에 머물 것이다.

조지프 퓰리처(Joseph Pulitzer, 미국 언론인)

작가는 다른 사람들보다 글쓰기를 어려워하는 사람이다.

토마스 만(Thomas Mann, 독일 소설가)

이야기는 시베리아 변경에 있는 것이 아니다. 작가에게 딱 들어맞는 경험이란 없다. 작가가 되기 위해 로데오 경기에 나가거나 황소와 싸울 필요는 없다.

토머스 맥구언(Thomas McGuane, 미국 소설가)

글을 쓰지 않은 날은 하루를 허비한 기분이다.

톰 그라임스(Tom Grimes, 미국 소설가)

문체란 하고 싶은 말이 있고 그 말을 최대한 명료하게 표현하는 것, 이 것이 문체의 비밀이다.

매슈 아널드(Matthew Arnold, 영국 시인·문학 평론가)

훌륭한 작가가 훌륭한 것은 단순히 우아한 문장을 교묘하게 다듬을 줄 알기 때문이 아니다. 그들이 훌륭한 것은 그들에게 할 말이 있고, 할 말 을 바탕으로 독자와 적절한 관계를 형성할 줄 알기 때문이다. 강단에서 내가 경험한 바에 따르면 한 편의 글을 읽을 때 뭔가 부족하거나 지리멸 렬하다고 느끼는 이유는 보통 글쓴이의 어휘 지식이 부족해서가 아니 라 말할 내용을 찾아내 다듬는 법을 모르기 때문이었다.

바버라 베이그(Barbara Baig, 미국 저술가·대학교수)

너무 기교를 부리지 마라. 화려한 글은 소화하기 힘들며 대개는 건강에 나쁘고 가끔 구토를 유발하기도 한다.

엘윈 브룩스 화이트(Elwyn Brooks White, 미국 아동문학가)

파워블로거 핑크팬더의 블로그 글쓰기

작가에게 필요한 것은 세 가지다. 경험, 관찰력, 상상력. 이 중 두 가지만 있어도, 때로는 하나만 있어도, 나머지를 메울 수 있다.

윌리엄 포크너(William Faulkner, 미국 소설가)

모든 단어는 이유가 있기 때문에 거기에 있는 것이다. 그렇지 않을 경우 나는 그 단어에 줄을 그어 지운다. 형용사와 부사에 줄을 그어 지우고, 단지 인상적인 효과를 낼 목적으로 집어넣은 모든 단어에 줄을 그어 지운다.

저지 코진스키(Jerzy Kosinski, 폴란드 소설가)

단어를 주의 깊게 살피는 습관을 들여라.

제프 다이어(Geoff Dyer, 영국 소설가)

첫 문장으로 독자의 마음을 훔쳐라.

조지프 슈거먼(Joseph Sugarman, 미국 카피라이터·JS&A와 Delstar의 CEO)

글을 쓸 때 다음에 어떤 일이 일어나는지 묻지 말고 다음에 어떤 일이 일어났다고 가정하고 그 일을 써라.

존 듀프레인(John Dufresne, 미국 저술가)

파워블로거 핑크팬더의 블로그 글쓰기

내 인생의 절반은 고쳐 쓰는 작업을 위해 존재한다.

존 어빙(John Irving, 미국 소설가)

글쓰기는 엉덩이와의 싸움이다.

게일 카슨 레빈(Gail Carson Levine, 미국 아동문학가)

작가의 커다란 이점 중 하나는 사람들의 말을 엿들을 수 있다는 것이다. 작가는 한마디 한마디에 귀를 기울이면서도 한쪽으로는 관찰을 한다. 작가에겐 모든 것이 유용하다. 쓰레기 조각도, 심지어는 길고 지루하기 그지없는 오찬 파티도 작가에겐 쓸모가 있다.

그레이엄 그린(Graham Greene, 영국 소설가)

글을 쓸 때는 모든 것을 내려놓아라. 당신의 내면을 표현하기 위해 단순한 단어들로 단순하게 시작하려고 노력하라.

나탈리 골드버그(Natalie Goldberg, 미국 시인·소설가)

한 번 읽었을 때 끌리는 글이 잘 쓴 글이다.

낸시 서머스(Nancy Somers, 미국 저술가·대학교수)

소리 내어 읽어라. 문장들의 리듬이 괜찮은지 확인하는 길은 그 방법뿐이다. 산문의 리듬은 너무 복잡하고 미묘해서 머리로는 알아낼 수 없다. 귀로 들어야만 바로잡을 수 있다는 얘기다.

다이애나 애실(Diana Athill, 영국 소설가·출판 편집인)

쓰기의 첫 번째 규칙은 '읽는 사람을 지루하게 하지 마라'이다. 두 번째 규칙은 '독자를 지루하게 하지 마라', 세 번째 규칙은 '읽는 사람을 지겹게 하지 마라'이다. 자, 이제 네 번째 규칙도 짐작할 수 있겠지?

데릭 젠슨(Derrick Jensen, 미국 저술가·사회 운동가)

작가란 일을 시작하는 단계에서는 무엇을 해야 하는지 모르는 사람이다.

도널드 바셀미(Donald Barthelme, 미국 소설가)

자신에게 친절하라. 최대한 빨리 페이지를 채우라. 지면을 많이 차지해도 좋고, 한 줄씩 건너뛰면서 써도 좋으니 최대한 빨리 페이지를 채우라. 모든 새로운 페이지를 작은 승리로 받아들여라.

로디 도일(Roddy Doyle, 아일랜드 소설가)

당신이 아는 것을 써라.

마크 트웨인(Mark Twain, 미국 소설가)

chapter 7

일곱 번째 글쓰기

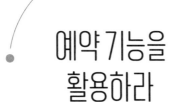

예약 기능을 활용하라

어떤 날은 하루에 다섯 꼭지 정도 쓰기도 한다.
이럴 때 모든 글을 한꺼번에 올려 공개하기는 아쉽다.
블로그에 글을 올리며 다른 사람들과 지속적으로
소통하고 싶은 사람들에게 예약 발행은 좋은 방법이다.

    블로그 글쓰기를 하다 보면 중독 아닌 중독이 된다. 꼭 그래야 할 이유가 없는데 묘하게도 블로그에 날마다 글을 올려야 한다는 강박관념에 사로잡힌다. 블로그에 글을 올리며 댓글과 답글을 서로 주고받는 가운데 조회 수도 늘어나고 재미를 느낀다. 하루라도 글을 올리지 않으면 방문자 수가 급감할 것 같다. 실제로 바쁜 일이 있어 글을 올리지 못했더니 괜한 걱정이 아니었다. 글을 올린 날에 비해 방문자 수가 엄청나게 줄었다.

공부 잘하는 친구들은 매일같이 시간을 들여 공부한다. 몰아치기로 공부하는 사람 치고 성적이 좋은 경우가 드물다. 똑똑한 친구들이 암기 과목에서 적당히 성적을 내는 경우는 있지만 기본 실력이 중시되는 과목에서 몰아치기는 성적에 별 영향을 주지 않는다.

성적은 평소 얼마나 꾸준히 공부했느냐에 달려 있다. 글쓰기도 마찬가지다. 뮤즈가 온 날에 필feel을 받아 온종일 책상 앞에 앉아 글을 쓰고, 쓸거리가 떠오르지 않는다고 며칠이 지나도록 안 쓰면 평생 글을 쓸 수 없다.

매일 써야 할 이유가 없는데 쉬지 않고 쓰기가 힘들다. 글을 쓰는 날도 있고 못 쓰는 날도 생긴다. 돈 받고 쓰는 글이라면 하루도 빼놓지 않고 쓸 수 있겠지만 그게 아니니 대개 시간 날 때마다 쓰게 된다. 본업이 있다면, 글 쓸 시간이 날 때도 있지만 도저히 시간을 빼지 못할 때도 있다. 앉자마자 글이 쏟아지면 참 좋겠지만 보통 글 한 꼭지를 쓰려면 몇십 분은 기본이고 심지어 몇 시간도 걸린다.

이런 상황인데 블로그에 하루도 빼놓지 않고 글을 올리는 것은 어려운 도전이다. 실제로 블로그에 100일 동안 특정 글을 올리는 목표를 달성하는 프로그램도 있다. 글을 쓰는 것이 그토록 쉽다면 누구나 작가가 될 수 있을 텐데, 작가가 드문 것만 봐도 글쓰기는 어려운 일이다. 아침부터 저녁까지 스케줄이 빡빡한 상태에서 새벽같이 일어나 글 쓰고 나가는 것도 어렵고 일하며 틈틈이 글을 쓰는 것은 더더욱 어렵다.

필리핀 세부Cebu로 여행 간 적이 있다. 3박 5일 여정이었다. 거의 매일 서평을 올리는 것은 아니지만 당시에는 우연히도 하루에 한두 권의 책을 읽었다. 지금까지 단 한 번도 하루에 서평을 두 개 올린 적이 없다. 되도록 새로운 책을 읽기 전에 이미 읽은 책의 서평을 쓰려고 노력한다. 상황이 여의치 않다면 어쩔 수 없지만 서평을 끝낸 뒤 새로운 책을 읽는다. 서평을 쓸 때 새로운 책의 내용이 포함될까 봐 나름 정한 원칙이다.

예전에 책을 읽을 때면 주로 같은 분야의 책을 연속으로 읽었다. 책을 읽고 모르는 내용이 있어도 다음 책을 읽으면서 이해하게 되니 공부하는 차원에서 그렇게 읽었다. 그러다 보니 서평을 쓰면 읽은 책이 아닌 읽고 있는 책 내용이 포함될 수 있었다. 지금이야 다양한 분야의 책을 중구난방으로 읽지만, 그래도 가급적 먼저 읽은 책의 서평을 끝내고 나서 새로운 책을 읽는다.

서평은 하루에 하나만 올린다는 원칙에 따라, 이미 작성한 다른 서평이 있어도 공개하지 않았다. 대신 예약 기능을 활용했다. 하루에 올리는 글 꼭지가 기껏해야 하나였으니 많은 꼭지를 쓴 날에 전부 공개해야 할 필요는 없었다. 하루에 왕창 써서 전부 올리면 평소보다 더 많은 사람이 방문하겠지만 그보다는 사람들이 블로그에 꾸준히 방문하는 게 더 기분 좋다. 하루에 급격히 방문자가 늘었다가 다음 날에 줄면 기분이 우울해진다. 꾸준한 방문자 수가 블로그를 운영하는 입장에서는 좋다.

여행 전에 나름대로 전략을 세워 매일같이 블로그에 글이 올라오도록 예약을 걸어놓았다. 필리핀 세부에서도 얼마든지 글을 쓸 수 있었겠지만 이미 읽은 책의 서평을 머리에 쟁여두었다가 그때 가서 쓰는 것은 우습다. 내 입장에서는. 서평뿐만 아니라 다른 내용도 함께 써놓고 예약을 했기에 세부에 가 있던 시기에도 글이 매일 오픈되어 댓글과 답글로 소통할 수 있었다. 글쓰기는 힘들어도 간단한 답글로 소통하는 것은 어렵지 않았다.

이미 필리핀 세부로 간다는 이야기를 몇 번이나 블로그에 올렸지만 하루도 빠지지 않고 글이 올라와 사람들은 내가 세부에 갔다 온 것을 모를 정도였다. 갔다 온 뒤에 필리핀 세부 관련 글을 올리니 다들 언제 갔다 왔냐고 궁금해할 정도였다.

어쩌다 뮤즈라고 하는 그분이 오신 날 글을 많이 쓴 뒤 하루에 하나씩 올리는 기능도 있다는 이야기이다. 이 같은 예약 기능은 나로선 참 유용하다.

우리는 혼자 외롭게 자신을 갈고닦으려고 글을 쓰는 것이 아니다. 내가 쓴 글을 누군가 읽고 반응해주면 기쁜 마음에 또다시 새로운 글을 쓸 활력이 생긴다. 공모전에 작품을 투고하거나 습작하는 것이 아니라면 자신이 쓴 글로 사람들과 소통하고 싶어지는 게 당연하다. 신변잡기든 리뷰든 어떤 형식의 글이라도 혼자 쓰고 만족하는 것이 아니라 함께 나누고 싶다. 사람들이 내 블로그에 많이 와서 읽고 반응해줘야 만족하고 기쁘다.

글을 읽는 사람 입장에서는 글이 올라오다가 한동안 올라오지 않고 갑자기 하루에 몇 개씩 올라오면 부담스럽다. 하루에 하나씩 글이

파워블로거 핑크팬더의 블로그 글쓰기

올라오면 읽는 입장에서는 더 집중하며 읽게 된다. 아무리 내 마음대로 쓴다고 해도, 블로그를 하는 이유 중 하나는 여러 사람과의 소통이다. 몰아서 올리는 것보다 매일 글을 올리면 훨씬 더 많은 사람과 소통하며 즐거운 경험을 공유할 수 있다.

나는 어떤 날은 하루에 다섯 꼭지 정도 쓰기도 한다. 이럴 때 모든 글을 한꺼번에 올려 공개하기는 아쉽다. 단 하루일지언정 글을 쓰지 못할 만큼 시간이 없을 때가 분명 있다. 마케팅 목적이라면 블로그에 시의적절한 글을 올려야 하지만 시기와 전혀 상관없는 글이라면 하루 이틀, 혹은 며칠 늦게 공개되어도 문제될 것은 없다. 그런 이유로 내 경우 평소 예약해놓은 글만 열 개가 넘는다. 예약 글이 열다섯 개 정도까지 늘어날 때도 있다.

블로그에 글을 올리며 다른 사람들과 지속적으로 소통하고 싶은 사람들에게 예약 발행은 좋은 방법이다. 날마다 글을 많이 쓰는 사람이라면 걱정할 필요 없이 모든 글을 즉시 올리면 된다. 내일 또다시 엄청난 글을 써서 올릴 테니 말이다.

처음 호기롭게 쓸 때는 가능할지 몰라도 시간이 지나면 하루도 **빼놓지** 않고 글을 쓴다는 것이 얼마나 어려운지 깨닫게 된다. 마음껏 글을 쓰면서 과다하게 드러내지 않은 채 하나씩 전부 소통할 수 있게 하려면 예약 발행을 활용하자.

리뷰 쓰는 법

글쓰기 훈련에 리뷰만큼 좋은 방법이 없음을 보여주는 산증인이 바로 나다. 내 글쓰기 실력은 거의 리뷰를 통해 갈고 다듬은 결과다. 읽은 책의 분야가 다양한 만큼 다양한 글을 쓸 수 있었다. 특정 분야의 책들을 집중적으로 읽었을 때는 그 분야에 대한 심층적인 글을 쓸 수 있었다.

글쓰기 훈련에 가장 좋은 방법은 리뷰 쓰기다. 부담 없이 글쓰기를 시작하기에 좋은 소재가 일상생활이라면, 리뷰는 가장 확실하고도 훌륭한 방법이다. 좋은 글에 대한 정확한 답은 없다. 문법적으로 완벽한 글이 좋은 글은 아니다. 미사여구가 뛰어난 글이 좋은 글도 아니다. 자신의 생각을 조리 있게 상대방에게 알리는 글이 제일 좋은 글이다. 내 생각을 상대방이 명확하게 이해한다면 이보다 더 확실하고 분명하게 쓴 글은 없다.

　처음부터 무조건 자신의 생각을 적어내라고 하면 너무 힘들다. 우리가 쓰려는 글은 문학 작품도 학술서도 아니다. 내 생각을 처음부터 조리 있고 논리정연하게 펼치기란 힘든 일이다. 이에 대한 훈련을 해야 하는데 어떻게 무엇으로 해야 할지는 막막하다. 그때 가장 좋은 방법이 바로 리뷰 쓰기다. 기본적으로 리뷰 쓰기는 무엇인가 읽거나 보거나 체험해야만 가능하다. 무엇인가 경험한 바를 바탕으로 글을 쓸 수 있어서 비교적 덜 막막하다.

　나는 본격적으로 독서를 시작하던 초기에 책을 1년에 100권 이상 읽었다. 다음 단계로 리뷰를 쓰려고 마음먹었다. 그렇게 시작한 리뷰 쓰기가 어느덧 서평만 해도 1,800개가 넘었다. 지금은 1년에 쓴 리뷰가 250개가 넘는다. 서평 150편 내외, 영화 리뷰 80편 내외, 드라마 리뷰 40편 내외를 포스팅하고 있다. 내 글쓰기 실력의 9할은 리뷰다. 리뷰를 써서 내 글쓰기 실력이 늘었고 생각을 더욱 정교하게 다듬을 수 있었다.

　처음에 쓴 리뷰는 보잘것없었다. 책을 다 읽고 열심히 내 생각을 적었다. 분량이 무척 적었다. 글을 쓸 힘이 부족하니 서평의 분량도 적을 수밖에 없었다. 문단으로 따지면 5~6단락 정도 되지 않았을까. 지금은 10단락 정도는 최소한 쓰고 있다. 나도 모르게 길게 쓴 리뷰는 20단락 정도까지 늘어났다. 이 정도면 어지간한 책 6~7쪽은 되는 상당히 긴 분량이다. 글을 길게 쓰는 능력이 처음부터 있었던 것은 아니다.

리뷰를 어떻게 써야 한다는 형식이나 법칙은 없다. 자유롭게 쓰고 싶은 내용을 쓰면 된다. 그런데도 리뷰 쓰기를 어렵고 힘들어하는 사람이 많다. 《책으로 변한 내 인생》에서 내가 리뷰에 대해 따로 섹션을 만들어 꽤 많은 내용을 쓰니 사람들이 고맙다고 했다. 그전까지 책을 읽기만 했지 서평 쓸 생각을 해본 적이 없었는데 덕분에 서평을 쓸 용기가 생겼다고 했다. 서평 쓰는 것이 막연하고 어렵게만 느껴졌는데 지금부터 실천할 수 있겠다며 내 책으로 첫 서평을 쓴다고도 했다.

서평을 쓰는 가장 쉬운 방법은 책 내용을 옮겨 적는 것이다. 책을 읽을 때 중요하다고 생각되는 부분마다 포스트잇을 붙여 표시한다. 볼펜이나 연필로 밑줄을 긋는 방법도 있다. 이렇게 하면 나중에 책을 다시 읽거나 중요한 부분만 찾을 때 요긴하다. 책을 다 읽은 뒤에 표시한 부분만 따로 블로그에 올린다. 중요한 부분이 많을수록 분량이 늘어난다. 좋은 느낌을 받은 책이면 분량이 엄청 많을 것이다. 다 적은 뒤 마지막에 딱 한 줄이라도 내 느낌을 쓴다. 거창하게 구구절절 쓸 필요 없이 간략하게라도 쓰면 그것만으로도 훌륭한 서평이 되고 글이 된다.

여기서 조금 더 나아가, 중요하다고 표시한 글을 적은 뒤에 덩어리로 묶고 나서 자신의 코멘트를 가볍게 적는다. 책에서 옮겨 적은 것과 내가 쓴 것은 글자색을 달리하면 구분이 된다. 조금 더 욕심을 부려 문단마다 내 생각을 적으면 아주 훌륭한 글이 탄생한다. 내가 쓴 글 자체가 엄청난 글이 된다. 저자의 생각이 아닌 내 생각을 쓴 것이라 책에서 옮겨 적은 것을 삭제하고 내 글만 남겨두어도 그 자체로 완벽한 글이 된다. 책 내용 순서대로 적은 것이라 내 생각도 그에 따라 저절로 기승전결이 된다.

책을 다 읽은 뒤 쓰는 서평이기에 목차만 펴놓고 쓰는 방법도 있다. 목차를 다시 읽어보면 내가 읽었던 내용이 다시 기억난다. 이를 근거로 내가 다시 책을 쓴다는 입장에서 내용을 적는다. 소설이라면 줄거리를 쓰는 것도 좋다. 분명 책 내용을 쓰지만 그것을 새롭게 편집하는 것은 전적으로 내 능력이다. 어떤 부분을 빼고 어떤 부분을 넣을 것인지도 내 생각이다. 모든 내용을 포함하는 작업이 아니기에 책에 대한 내 생각이라 봐도 무방하다.

저자로서 책을 소개한다는 느낌으로 쓰는 것도 한 방법이다. 내가 쓴 책은 아니어도 저자의 입장에서 중요하게 판단되는 책 내용을 소개한다. 여러 내용 중에 핵심적인 부분만 발췌해서 사람들에게 알려준다. 리뷰가 꼭 책 전체를 다뤄야 할 필요는 없다. 내 가슴에 깊게 다가온 특정 부분에 대한 생각만 잘 전달해도 된다.

서평을 쓰는 이유는 나 자신을 위해서다. 누군가에게 보여주기 위한 것이 아니라 내 생각을 정리하고 글로 남기기 위한 한 방법이다. 어떤 형식이든 중요하지 않다. 내가 쓰고 싶은 것을 쓰는 게 가장 중요하다. 다양한 방법으로 쓰는 것도 좋다. 소설이라면 아예 소설 속에 나온 여러 캐릭터 중의 한 명을 주인공 삼아 그 입장에서 소설 내용 전체를 서술한다. 전지적 작가 시점이 아닌 특정 인물 시점으로 소설 내용을 쓴다면 새로운 관점으로 서평을 쓰게 된다.

유별나다고 할 수 있겠지만 나는 독서한 책 거의 전부를 서평으로 쓴다. 읽었는데 서평을 쓰지 않은 책은 1년에 한두 권이 될까 말까다. 그런 만큼 서평 한 편, 한 편에 집중해서 쓰지 않는다는 단점이 있다. 보통 서평 하나를 쓸 때 30분~1시간 정도 걸린다. 책을 다 읽고 다음 책을 읽기 전에 서평을 쓰도록 노력한다. 새로운 책에 영향을 받아 서평을 쓰는 우를 범하지 않으려 하다 보니 꽤 바지런해야 했다. 서평이라고 하기보다는 독후감이라고 하는 편이 정확하지만, 이처럼 쉬지 않고 서평을 쓴 덕분에 내 글쓰기 실력은 향상되었다.

리뷰는 꼭 책에만 해당되는 것이 아니다. 영화를 보고 나서도 리뷰를 쓸 수 있다. 영화에 나오는 배우에 대한 평소 생각을 적어도 된다. 배우가 나온 다른 영화를 언급해도 충분히 좋은 리뷰가 된다. 영화 장르에 따라 자신의 생각을 적는 것으로도 글이 된다. 영화 말고 극장에 가며 느낀 소감이나 극장 분위기, 팝콘 맛에 대한 것을 함께 써도 좋다. 영화와 관련된 온갖 잡다한 느낌과 생각, 벌어졌던 모든 일을 적으면 흠 잡을 데 없는 리뷰가 된다.

드라마는 단막극이 아닌 경우 가장 짧은 미니시리즈도 최소한 16부작이다. 따라서 드라마 리뷰는 매회 쓰는 것도 좋은 방법이고 일주일 방영분(일주일에 2회)을 모아서 써도 된다. 나는 드라마가 종영된 뒤 새로운 드라마가 시작되기 전 일주일 안에 쓴다. 글 자체도 중요하지만 최소한 새 드라마가 시작되기 전에 글을 올려야 사람들이 블로그에 찾아올 확률이 더 높다. 시간을 지체하면 리뷰를 못 쓸 가능성이 있다. 기억에서 사라지기 전에 써야 더욱 생생한 리뷰가 나온다.

리뷰 쓰기는 상당히 부지런해야 한다. 책을 읽고 영화를 보고 드라마를 본 뒤에 시간이 지나면 기억이 가물가물해진다. 시간이 갈수록 리뷰 쓰는 게 부담스러워진다. 떠오르는 게 별로 없다 보니 점점 리뷰 쓰는 것을 미루게 되고 어느덧 새로운 책과 드라마, 영화를 보게 된다. 지난 것을 건너뛰고 쓰면 되는데도 마음이 찜찜해져 이번 리뷰도 못 쓰고 지난 리뷰도 못 쓰는 결과가 되어 결국 리뷰 쓰기를 포기하게 된다. 나처럼 모든 리뷰를 쓰지는 못해도 가끔이라도 리뷰를 쓰면 글쓰기에 큰 도움이 된다. 리뷰 쓰기의 장점은 어떤 것을 써야 할지 고민할 필요가 없다는 것이다. 쓸 대상은 이미 정해져 있으니 쓰기만 하면 된다.

글쓰기 훈련에 리뷰만큼 좋은 방법이 없음을 보여주는 산증인이 바로 나다. 내 글쓰기 실력은 거의 리뷰를 통해 갈고 다듬은 결과다. 읽은 책의 분야가 다양한 만큼 다양한 글을 쓸 수 있었다. 특정 분야의 책들을 집중적으로 읽었을 때는 그 분야에 대한 심층적인 글을 쓸 수 있었다. 생전 처음 접하는 분야의 책을 읽고 서평을 쓰면 글에서 신선함이 느껴진다. 이토록 다양한 글을 쓸 수 있다는 것도 리뷰 쓰기의 큰 장점이다. 억지로 짜내 쓰는 것이 아닌 자연스러운 끄집어내기다.

당신도 충분히 할 수 있다. 리뷰의 효용성과 장점에 대해서는 《책으로 변한 내 인생》에서 좀 더 자세하게 썼으니 참고하라. 당신도 나처럼 리뷰 쓰기로 글쓰기 자신감을 얻고 실력을 향상시킬 수 있다. 읽고 보고 체험한 것을 리뷰라는 글쓰기로 시작하라.

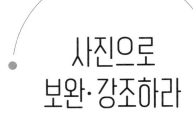

사진으로
보완·강조하라

글에 자신이 있다면 사진 따위는 필요 없을지 모른다.
오직 글로만 승부하겠다면 말이다.
하지만 블로그에 올리는 글은 아무리 잘 써도 이미지가 필요한 것이,
그것이 내 글을 읽어주는 사람을 위한 작은 배려일 수 있기 때문이다.

블로그는 그림이나 사진을 글 중간에 넣을 수 있는 장점이 있다. SNS가 발달하면서 사람들은 짧은 분량의 글에 익숙해졌다. 몇 줄이 지났는데도 글만 계속 이어지면 읽다가 지치기 쉽다. 빠른 호흡에 익숙해진 사람들에게 기나긴 글은 아무리 좋은 내용이어도 정독하기가 어렵다. 글자가 인쇄된 종이책과 달리 인터넷에 올라온 글은 이상하게 정독하기 힘들다. 인터넷 글에 집중할 수 있는 시간이 상대적

으로 짧은지도 모르겠다.

맛집에서 중요한 것은 어떻게 보면 글이 아니다. 내가 먹은 음식이 얼마나 맛있는지 아무리 설명해도 사진 한 장 없다면 글을 읽는 사람은 느낌이 와 닿지 않는다. 맛집을 소개할 때 글이 거의 없더라도 사진이 많으면 내용 전달이 잘 된다. 맛집에 들어갈 때 한 장 찍고 음식 기다리는 동안 다시 셔터를 누른다. 반찬이 나왔을 때, 주요리가 나왔을 때, 다 먹은 뒤에 각각 찍는다. 사진을 열 장 이상 찍고 그 사진 밑에 간단한 코멘트만 달아도 된다. 사진이 곁들여져 있어 다른 사람 입장에서는 정말 좋은 글로 읽힌다.

맛집 글에서 사진이 없다고 가정하자. 글발이 좋은 사람이라면 충분히 글로만 상상력을 자극할 수 있다. 음식점 들어갈 때의 두근거림을 알려주고 음식을 시키고 기다리며 수다 떠는 이야기로 가볍게 시작한다. 반찬 하나하나를 묘사하며 이 음식점만의 맛을 평가한다. 드디어 기다리던 주요리가 나온다. 먼저 냄새를 맡고 수저로 아주 조금 입에 떠 넣어 입안 가득 퍼지는 음식 맛을 묘사한다. 글만으로도 상상력을 자극해 침이 돋게 만드는 사람이라면 사진 따위는 필요 없을지도 모른다.

묘사만으로 음식 맛을 이미지화할 정도의 탁월한 글솜씨가 없는 우리로서는 사진만큼 훌륭한 게 없다. 사진을 잘 활용하면 김이 모락모락 나는 국물 따위는 굳이 글로 묘사하지 않아도 된다. 사진만으로 느낌을 담을 수 있다. 간단하게 "보이시죠? 저 모락모락 피어나는 김이!!"라고만 설명해도 충분히 전달된다. 글쓰기에 자신 없는 사람에게 사진보다 더 좋은 방법은 없다. 글로 묘사할 수 없는 미묘한 것을 사진으로 대체할 수 있다.

글 앞에 넣은 사진은 당신이 쓰려는 글에 대한 선입견을 심어준다. 사진 이미지가 강렬할수록 글의 윤활유도 되고 강력한 최면 효과도 준다. 관련 사진이 중간에 나오면 글이 훨씬 더 잘 이해된다. 무엇을 말하려는지 애매한 상태에서 효과적인 사진 한 장은 선명한 메시지를 각인시킨다.

블로그 사진은 가급적 직접 찍은 사진을 활용하는 것이 정답이다. 특히 맛집이나 체험에 관련된 사진은 진실성을 담보하기 위해 자신이 직접 찍은 것을 올려야 한다. 사진의 품질이 떨어지고 구도가 별로고 사진 찍은 뒤 보정을 못 해도 상관없다. 전문가가 찍은 사진이 아니므로 그 정도는 사람들이 별로 신경 쓰지 않는다. 촬영 또는 보정 기술은 사진을 더욱 돋보이게 할지언정 글솜씨를 좋아 보이게 만들지는 못한다. 무엇보다 글이 돋보이는 것이 중요하다.

모든 사진을 직접 찍어 올릴 수 없는 한계는 분명 존재한다. 블로거 중에는 자기 글에는 자기가 직접 찍은 사진만 올린다는 원칙을 고수하는 사람도 있다. 나는 일상 글이나 리뷰에는 직접 찍은 사진을 올리지만 그 밖의 글에는 그렇게 하기가 힘들다. 내가 쓰려고 하는 글에 어울리는 사진을 평소에 찍어놓은 것도 아니고, 일상에서 찍을 수 없는 사진도 많다. 사진작가가 아니어서 야외를 돌아다니며 찍을 수도 없다. 내가 어떤 글을 쓸지도 모르는 상황에서 미리 찍어놓기도 힘들다.

인터넷 검색을 하면 무료로 쓸 수 있는 사진이 많다. 나는 이런 사진을 활용한다. 읽은 책은 직접 찍어 올리고 있다. 관람한 영화는 극장에 있는 팸플릿을 찍는다. 공연을 관람하러 가도 공연장과 배우들의 사진 촬영이 가능하면 찍어 올린다. 그 외에 드라마나 TV로 본 영화 같은 경우에는 어쩔 수 없이 포털사이트에서 이미지를 검색한 뒤 활용한다. 제작사에서 제공한 이미지를 가져오기도 하지만 다른 사람이 캡처한 사진을 쓰기도 한다. 상업적인 목적으로 쓰는 건 아니지만, 이런 이미지를 쓸 때는 아무래도 조심스럽다.

그 밖의 사진은 구글을 이용한다. 내가 쓰는 글의 내용과 연관되거나 주제에 부합하는 단어를 한글이 아닌 영어로 구글에서 검색한다. 이때 뜨는 이미지들은 대부분 출처가 외국이어서 부담감을 덜 가지고 쓸 수 있다. 좋은 품질의 이미지가 꽤 다양하게 검색되어 활용하기 좋다.

프레젠테이션을 할 때 화면 가득 글자만 있다면 재미없고 지루하다. 핵심 이미지가 있고 필요한 말을 정확하게 전달할 때 더욱 설득력 있는 프레젠테이션이 된다. 블로그 글에 사진을 첨부하는 것도 같은 효과가 있다. 너무 많은 이미지는 글을 방해하지만 적절한 이미지는 글에 더 집중할 수 있게 만들고, 부족한 글솜씨를 감춰주는 역할도 한다. 사진이 내용 이해를 도와 글에 대해서도 좋은 느낌을 갖게 하는 것이다.

글에 자신이 있다면 사진 따위는 필요 없을지 모른다. 오직 글로만 승부하겠다면 말이다. 하지만 블로그에 올리는 글은 아무리 잘 써도 이미지가 필요한 것이, 그것이 내 글을 읽어주는 사람을 위한 작은 배려일 수 있기 때문이다. 사진 덕분에 내 글도 훨씬 더 잘 읽힌다면 사진을 활용하는 것이 당연하다. 이미지를 선택하는 시간은 꽤 걸린다. 내 글이 돋보이는 데 그 정도 시간은 마땅히 투자해야 한다. 글 내용에 어울리는 적절한 사진으로 보완·강조하라. 그러면 당신의 글이 훨씬 매력적으로 보일 것이다.

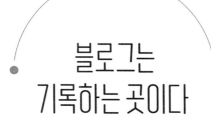

블로그는
기록하는 곳이다

나뿐만 아니라 상당히 많은 사람이 블로그에 글을 올려
책까지 출판했다. 특정 분야에 대해 꾸준히 올린 글을 읽고
사람들이 호응하니 조회 수가 늘어나고 조금씩 인지도가 높아진다.
이에 출판 관계자가 출판 제의를 하는 경우가 생긴다.

《종의 기원》으로 인류 역사에 엄청난 발자취를 남긴 찰스 다윈은 늘 기록을 했다. 다윈이 살던 시대에 영국은 예로부터 유럽에 전해오던 '비망록' 전통이 발달해 있었다. 당시에 지적 과시를 하고 싶은 사람들은 거의 모두가 비망록을 적었다. 사상가로 유명한 존 밀턴, 프랜시스 베이컨, 존 로크 등은 비망록을 적으면 기억력이 향상된다고 믿었을 정도다. 비망록에는 주로 책에서 읽은 내용 중 오래도록 기억하고 싶은 부분을 옮겨 적었다.

　비망록에 적은 글만으로도 자신만의 백과사전이 되었다. 비망록의 여백이 채워질수록 지식이 축적된다. 로크는 비망록을 활용할 수 있는 색인을 만들었다. 이후 비망록은 필요한 지식을 언제든지 찾아볼 수 있는 도구가 되었다. 이 책 저 책을 읽다가 본문 내용을 비망록에 옮겨 적는다. 무작위로 적혀 있는 내용이 연결되며 새로운 조합으로 탄생해 완전히 다른 의미로도 읽힌다. 자신의 생각을 적기도 하고 읽은 것을 무작위로 적기도 하며 비망록에 지식이 쌓인다.

　다윈이 어느 날 갑자기 비글호를 타고 갈라파고스를 방문해 조사하며 진화론을 깨달은 것이 아니다. 진화론을 떠올린 특정 시점을 이야기할 수는 없지만 이미 다윈은 오랜 시간 동안 진화론에 대한 개념을 자신도 모르게 하나씩 갈무리했던 것이다. 갈라파고스에서 쓴 일지를 보면 오히려 진화론보다는 지질학에 대한 이야기가 많다. 그저 열심히 모든 것을 기록으로 남겼을 뿐이다.

　백날 생각하고 고민하며 상상의 나래를 펼쳐도 기록으로 남기지 않으면 의미가 없다. 쓸데없는 생각이라도 글로 남겨 보존하느냐, 잠시 생각하고 그만두느냐에 따라 엄청난 차이가 생긴다. 다윈은 여러 생각을 비망록에 남겨 진화론에 서서히 접근하고 있었다. 펼쳐져 있는 개념을 하나로 묶어준 토머스 맬서스의 《인구론》으로 그는 지난 기록을 다시 들춰보며 드디어 진화론 개념을 탄생시킬 수 있었다.

　현대에 와서는 수첩이 이런 기능을 제공했다. 좀 더 발전해서 플래너 수첩이 좀 더 체계적인 기록과 정보에 접근하는 수단으로 활용되었다. 많은 사람이 플래너를 통해 이전보다 훨씬 빠르고 쉽게 생각을 적고 스케줄을 관리할 수 있게 되었다. 수첩의 거듭된 발전의 결과 에버노트라는 앱까지 탄생했다. 웹상에서 언제 어디서든 적고 사진 찍고 스크랩하고, 원하면 그 즉시 정보를 불러들일 수 있는 단계로 발전한 것이다.

블로그는 이런 기능을 가장 충실하고 확실하게 할 수 있는 도구이다. 인터넷을 뜻하는 웹web에서 따온 영어 알파벳 'b'와 항해일지나 항공일지를 뜻하는 단어 로그log의 합성으로 '블로그blog'라는 단어가 탄생했다. 합성어대로라면 블로그란 웹에 올리는 일기를 뜻하지만, 형식에 구애받지 않고 무엇이든지 쓸 수 있는 매체로 자리를 잡았다. 현재 인터넷에서 활발하게 관리되는 블로그는 셀 수 없이 많다. 이 중에서 거의 매일 빠짐없이 글을 올리는 헤비 유저heavy user도 상상을 불허할 정도로 많다.

몇 자 내로 써야 하는 다른 매체와 달리 블로그는 분량 제한이 없다. 무한정 쓸 수 있을 뿐만 아니라, 글의 형식과 내용에도 제약이 없다. 일기, 리뷰, 일상의 기록, 투자 경험담 등 쓰고 싶은 내용이 있으면 아무런 망설임 없이 쓸 수 있는 최고의 기록 수단이 바로 블로그이다. 다윈이 비망록에 쓴 글로 하나씩 생각을 가다듬어 진화론이라는 엄청난 인류사적인 발견을 한 것처럼 나라고 못 할 것 없다. 내가 블로그에 적은 내용이 더할 수 없는 엄청난 기록으로 쌓여 큰 발자취가 될 수 있다.

나는 블로그에 내가 읽은 책의 기록을 남겼고, 내 생각을 하나씩 틈날 때마다 기록했다. 어떤 기록은 짧은 시간 동안 남겼고 어떤 기록은 1년이라는 시간 동안 남겼다. 기록이 모여 책을 낼 수 있는 근거가 되었다.

나의 첫 번째 책인 《소액 부동산 경매 따라잡기》는 블로그에 비밀일기로 썼던 것을 모아서 냈다. 두 번째 책인 《후천적 부자》도 투자에 대한 생각을 정리할 필요를 느껴 블로그에 올린 기록을 바탕으로 출판했다. 책에 관한 이야기인 《책으로 변한 내 인생》도 책을 읽고 사람들이 내게 궁금해하던 점을 블로그에 하나씩 올린 것들을 1년에 걸쳐 쓴 뒤에 출판하게 되었다.

나뿐만 아니라 상당히 많은 사람이 블로그에 글을 올려 책까지 출판했다. 특정 분야에 대해 꾸준히 올린 글을 읽고 사람들이 호응하니 조회 수가 늘어나고 조금씩 인지도가 높아진다. 이에 출판 관계자가 출판 제의를 하는 경우가 생긴다. 뜬금없이 원고를 투고해서 책을 출판하기는 쉽지 않다.

출판사에서 블로그를 돌아다니며 저자를 찾는 일이 더욱 많아지고 있다. 블로그에 올린 글이 인기를 끌면 그만큼 출판되었을 때 해당 블로그에 댓글을 올린 사람들이 책을 구입할 가능성이 크다. 출판사에서 파워블로거를 저자로 선호하는 이유다.

블로그에 올린 글은 카테고리를 만들어 비슷한 주제끼리 묶어놓으면 된다. 특정 분야의 내용을 쓸 때마다 정해진 카테고리에 올린다. 기존 카테고리에 넣기 힘들면 새로운 카테고리를 하나 만들면 된다. 많이 세분화하는 것이 좋은지 나쁜지는 각자의 상황에 따라 다르지만 내 경우에는 꽤 많은 카테고리를 만들었다. 카테고리를 추가로 만들지는 시간이 지나 기존 카테고리에 넣기 애매한 글을 쓸 때 결정될 것이다. 내가 블로그에 올린 기록이 어느덧 수천 개가 되어 방대한 콘텐츠가 되었다.

블로그에는 검색 기능도 있다. 언제든지 내가 쓴 글 중에 원하는 내용을 검색으로 불러올 수 있다. 나 역시 다방면으로 글을 쓴 것은 아니지만 꽤 여러 분야의 책을 읽고 기록을 남기다 보니 가끔 관련 정보를 얻기 위해 내 블로그에 들어가 검색을 한다. 내가 어떤 글을 썼는지 확인하고 그 분야나 주제에 대해 어떻게 썼는지 다시 읽으면 기억이 떠오른다. 타인의 글이 아닌 내가 직접 쓴 글이라 얼마든지 자신 있게 인용하거나 발췌할 수 있다.

최근 빅데이터가 유행이다. 앞으로도 변하지 않을 대세일 것이다. 갈수록 수많은 데이터를 얼마나 잘 활용하느냐가 중요해진다. 내가 열심히 블로그에 올린 글은 내게 빅데이터이다. 다른 누가 쓴 글도 아니고 지금까지 쌓인 내 기록을 인용하는 데 눈치 볼 필요도, 표절 문제도 없다. 언제 생각하고 쓴 글이었는지도 기록으로 알 수 있다. 과거에 썼던 글을 읽으며 나 자신이 얼마나 성장했는지 확인도 가능하다. 쌓인 기록이 1년을 넘어 10년을 넘고 몇십 년이 되었다고 생각하면 엄청난 일이지 않은가!

블로그에 내 영원한 기록을 남긴다고 생각하고 쓰자. 어느 누구도 아닌 나만이 유일하게 남길 수 있는 기록이다. 다른 사람은 흉내도 낼 수 없다. 잘 쓰고 못 쓰고는 전혀 중요하지 않다. 기록은 기록으로

서 중요한 가치를 지닌다. 기록이 쌓이고 쌓이면 역사가 된다. 이 세상을 살아가는 수많은 사람 중에 나만이 쓸 수 있는 역사다. 블로그에 오늘부터 당장 각종 기록을 남기는 것이 어떨까? 그 누구도 할 수 없는…….

갈수록 수많은 데이터를 얼마나 잘 활용하느냐가 중요해진다.
내가 열심히 블로그에 올린 글은 내게 빅데이터이다.
다른 누가 쓴 글도 아니고 지금까지 쌓인 내 기록을 인용하는 데
눈치 볼 필요도, 표절 문제도 없다.

글쓰기는 도랑 파기와 등산과 러닝머신과 아기 출산을 합친 것이다.

에드나 퍼버(Edna Ferber, 미국 소설가)

글을 쓰기 위해 내게 허락된 자리는 웬일인지 만족스럽지가 않다. 이유가 뭘까? 간단하다. 그저 글을 쓰고 싶지 않은 것뿐이다.

에릭 메이젤(Eric Maisel, 미국 심리치료사·저술가)

줄기차게 손자손녀 얘기를 늘어놓는 것은 창피한 일이지만, 나는 그 애들 이야기를 쓰지 않을 수 없다. 그러나 그것은 작가의 일기 같은 것이다. 그리고 내가 글쓰기에 대해 한 가지 배운 것이 있다면, 글쓰기는 자신의 충동을 따라야 한다는 사실이다.

엘렌 질크리스트(Ellen Gilchrist, 미국 소설가)

이상적인 작업 환경을 기다리는 작가는 한 글자도 쓰지 못하고 죽을 것이다.

엘윈 브룩스 화이트(Elwyn Brooks White, 미국 아동문학가)

리더에게 글쓰기만큼 중요한 게 있나요?

제임스 패러디스(James Paradise, MIT 교수)

장거리를 달려야 하는 마라토너에게 다리의 근육이 필요하듯, 작가에게
는 매일 같은 시간에 글을 쓸 수 있는 근육이 필요하다.

무라카미 하루키(村上春樹, 일본 소설가)

명문들은 거의 다 형편없는 초고로부터 시작된다.

앤 라모트(Anne Lamott, 미국 저술가)

강한 자는 망설이지 않는다. 굳건히 자리를 잡고 땀을 흘리며 끝을 향해
나아간다. 잉크를 다 써서 없애고 종이를 모두 써버린다.

쥘 르나르(Jules Renard, 프랑스 소설가·극작가)

우리에게 한결같은 평안함을 보장해주는 몇 가지 태도가 있다. 한가로
이 거닐기, 권태, 꿈꾸기, 듣기, 기다리기, 포도주…… 그리고 꾸준한 글
쓰기가 바로 그것이다.

피에르 상소(Pierre Sansot, 프랑스 철학교수·수필가)

파워블로거 핑크팬더의 블로그 글쓰기

내 취미는 글쓰기다.

버락 오바마(Barack Hussein Obama, 미국 대통령)

지금 당장 자리에 앉으라. 지금 당신의 마음이 달려가는 무언가가 있다면, 그것이 무엇이든지 그대로 적어 내려가라. 제발 어떤 기준에 의해 글을 조절하지는 말라. 무엇이 다가오더라도 지금 이 순간의 것을 잡아라. 손을 멈추지 말고 계속 쓰기만 하라.

나탈리 골드버그(Natalie Goldberg, 미국 시인·소설가)

지금 쓰고 있는 것을 끝내라. 그것을 끝내는 일이 아무리 어려워도 반드시 끝내라.

닐 게이먼(Neil Gaiman, 영국 소설가)

무조건 써라. 기를 꺾는 내면이나 외부의 그 어떤 말도 무시하라. 끈질기면 항상 얻는 게 있다.

로버타 진 브라이언트(Roberta Jean Bryant, 미국 저술가)

한 번에 좋은 글을 쓴다는 건 말도 안 된다. 고쳐 써야만 좋은 글이 나온다.

루이스 브랜다이스(Louis Dembitz Brandeis, 미국 법률가·저술가)

파워블로거 핑크팬더의 블로그 글쓰기

나는 5시 30분에 첫 단어를 쓴다. 1주일에 5일 동안.

존 그리샴(John Grisham, 미국 소설가)

무슨 글이든 단 한 페이지만 써라.

패트릭 G. 라일리(Patrick G. Riley, 퍼시픽 아메리칸 CEO)

나는 단어들이 내 마음이 아니라 내 몸에서 나온다고 생각한다. 손으로 쓰면 펜은 종이 위에 단어를 남기며 지나간다. 심지어 나는 단어가 쓰이는 소리를 듣기까지 한다.

폴 오스터(Paul Benjamin Auster, 미국 소설가)

내가 겪은 일 가운데 가장 피곤한 일은 글을 쓰지 않는 것이다. 만약 당신이 글을 쓸 운명을 타고난 사람이라면, 글을 쓰지 않을 때 육체적으로 매우 지친다.

프랜 레보위츠(Fran Lebowitz, 미국 저술가)

chapter 8

마지막 글쓰기

- 글은 온몸으로 쓴다
- 글쓰기 명언 노트

: 마지막 글쓰기 :

글은 온몸으로 쓴다

막상 글을 쓰기 시작하자 봇물 터지듯 써야 할 글이 쏟아져 나왔다.
그 글들은 1년에 수백 권의 책을 읽은 것에서 나왔다.
인지하지 못하고 있었을 뿐, 온갖 지식들이
내 안에 축적되고 있었던 것이다.

지금까지 글쓰기에 대해 내가 알고 있는 지식을 하나씩 꺼내 정리
해보았다. 글을 쓰기에 가장 좋은 방법으로 '블로그'를 전면에 내세
워 당신에게 글을 쓰라고 독려하고 희망을 주려는 의미에서 이 책을
썼다. 글은 자신을 만나는 거울이다. 피하려 해도 거울 앞에 서면 오
롯이 자신을 만나는 것과 같다. 우리가 사는 세상에서 거울을 피할
방법은 없다. 거울을 피한다 해도 유리나 물에 비치는 내 모습을 보

게 된다.

　어떤 모습으로든 내가 투영되는 거울이 있기 마련이다. 그런 뜻에서 글쓰기란 아무리 피하려 해도 결국 나를 만나게 되는 여정이다. 힐링하고 싶다면 멀리 갈 필요 없이 어디에서나 글을 쓰면 된다. 모든 것을 잊고 싶을 때 글을 쓰면 자연스럽게 글에 집중하면서 복잡한 생각에서 떠날 수 있다. 어려운 문제들이 있을 때 하나씩 글로 적어보면 쉽게 풀린다. 누군가에게 비밀을 털어놓고 싶지만 그것이 차마 밝히지 못할 내용이라면, 혼자만 볼 수 있는 곳에 글을 남김으로써 카타르시스를 느끼게 된다.

　"나 같은 사람이 무슨 할 말이 있겠어?"라는 질문을 나도 나 자신에게 던진 적이 있다. 하지만 막상 글을 쓰기 시작하자 봇물 터지듯 써야 할 글이 쏟아져 나왔다. 나도 모르게 내 안에 숨어 있던 것들이 그동안 참았던 모든 움츠림을 폭발시키듯 터져 나왔다. 그 결과 나는 다양한 분야의 글을 쓸 수 있었다. 그 글들은 1년에 수백 권의 책을 읽은 것에서 나왔다. 인지하지 못하고 있었을 뿐, 온갖 지식들이 내 안에 축적되고 있었던 것이다. 글을 쓰기 시작하자 그 지식들은 내 머리 밖으로 나와 글로 표현되었다.

　이 모든 것의 출발점은 블로그였다. 내가 블로그에 쓴 책, 영화, 드라마에 대한 리뷰가 처음에는 보잘것없고 조악했을지 모른다. 그러나 무식하면 용감하다고, 남을 의식하지 않고 글을 써 내려간 결과 글솜씨가 늘었다. 내 말이 거짓이 아님을 내 블로그에서 직접 확인할 수 있을 것이다. 내 블로그에는 내가 써온 모든 글이 전부 기록되어 있다. 지금도 여전히 서평만 1년에 250편 내외를 쓰고 있으니, 블로그에 쓴 내 글들이 나를 대표한다고 해도 될 것이다.

내 블로그 타이틀인 '천천히 꾸준히'는 어느덧 내 트레이드마크가 되었다. 싫든 좋든, 어디를 가나, 나는 블로그로 사람들에게 각인된다. 굳이 내 소개를 하지 않아도 사람들은 이미 나를 알고 있거나, 내 닉네임을 알고는 놀라움을 표시하며 알아보고 반가워한다. 모든 것이 블로그에 글을 쓰기 시작하며 가지게 된 기쁨이다. 이제 블로그는 내 개인 브랜드나 마찬가지다. 당신이라고 못할 것이 무엇인가? 내가 하루아침에 그렇게 된 것이 아니다. 몇 년 동안 꾸준히 쉬지 않고 온갖 글을 올린 결과물이다. 다른 사람에 비하면 오히려 나는 많이 늦은 편이다.

블로그에 글을 쓰기 시작한 지 1~2년 만에 사람들의 주목을 받고, 블로그가 자신을 대신하는 이미지가 된 사람이 많다. 그들에게 블로그는 또 다른 자아이다. 블로그 덕분에 사람들은 '나'라는 사람을 만나기 전에 이미 나를 잘 알고 있으며, 내가 하려는 일에 용기를 주고 응원을 한다. 심지어 기꺼이 내 일에 동참하기도 한다. 블로그는 이런 긍정적인 영향을 주고받는 통로이다. 그 모든 것이 블로그에 글을 올리는 것에서 시작되었다.

내 글에 사람들이 댓글을 달아주고 나는 그 글에 답글을 달다 보면 서로 만난 적도 없는 사람들끼리 친밀감을 느낀다. 그들은 어릴 적부터 만나던 내 친구들보다 나를 더 잘 안다. 현재 내가 하려는 일이 무엇인지 친구는 몰라도, 블로그 이웃은 알고 있다.

사회성이 없던 사람이 블로그로 서로 소통하다가 사회성이 생기는 경우도 많다. 인터넷에서 여러 사람과 즐겁게 이야기하다 보면 현실에서도 그렇게 된다. 블로그에 쓴 글로 인해 내가 사람들에게 존중받고 있다는 느낌은 말로 표현할 수 없이 즐겁다. 그 시작은 블로그에 글을 쓰는 것뿐이다.

블로그에 글을 쓰는 것이 늘 즐겁고 신나지는 않다. 어떨 때는 굳이 써야 할 필요가 있을까 하는 의문을 갖기도 한다. 그럼에도 나는 글을 썼다. 내가 나를 뛰어넘을 수 있었던 것은 어디까지나 타고난 글발도, 천재적인 글솜씨도, 기발한 묘사에도 있지 않았다. 쓰고, 또 쓰고, 다시 썼던 것이 전부였다.

나라고 서평을 한 권도 **빼놓지** 않고 쓰는 것이 쉬웠을까? 그럴 리가 없다. 처음에는 독서 수준을 한 단계 높이기 위해 글쓰기를 시작했지만, 시간이 지난 지금은 서평 쓰기가 책을 읽고 정리하기 위한 목적인지 글쓰기를 위한 방편인지 스스로 혼동될 정도다. 다행히도 아직까지 쓰기 싫은데 억지로 글을 짜낸 적은 없다. 책을 읽고 무엇이라도 머리에 남은 것이 있었기에 썼다. 당신도 나처럼 글을 쓰는 목적을 가지게 된다면 꾸준히 글을 쓸 수 있다. 어떤 글을 쓰느냐가 아니라 꾸준히 쓰는 것이 핵심이다.

"글은 엉덩이로 쓴다."라는 표현이 있다. 손으로 공책에 쓰든, 자판을 두드리든 자리에 앉아서 해야 한다는 뜻이다. 다른 일을 하며 움직이면 글을 쓸 수 없다. 실제로 글은 엉덩이가 아닌 온몸으로 쓴다. 몸은 의자에 앉아 움직이지 말아야 하고 머리는 계속 생각을 해야 한다. 내 몸을 오로지 글 쓰는 것에 집중해야 한다. 어떤 유혹이 와도 참고 이겨내야만 한다. 쓰기 싫을 때도 있고, 놀러 가고 싶을 때도 있고, 다른 생각으로 멍하니 있을 때도 있지만 말이다.

일주일에 딱 한 개씩 특정 주제의 글쓰기에 집중해 꾸준히 글쓰기 근력을 키우면 된다. 꾸준한 글쓰기가 힘들고 어려운 것은 사실이지만, 작가라고 해서 처음부터 글을 쉬지 않고 쓰지는 않았을 것이다. 당신이 지금 어떤 일을 하고 있든 똑같지 않은가?

처음부터 운전을 잘하는 사람은 없다. 공부도 하지 않는 학생이 서울대에 합격할 방법은 없다. 아무런 글도 쓰지 않고 브랜드 블로그를 만들 방법은 없다. 그 모든 것이 글쓰기로부터 시작된다.

가진 것도, 내세울 것도, 어필할 것도 없다면 특정 주제를 잡고 꾸준히 블로그에 글을 써보라. 어느 순간 사람들이 그 글에 반응하고 좋아하며 당신을 전문가로 인정하게 된다. 단순히 글을 쓰기 시작하면 이 모든 것이 이루어질 수 있다. 파워블로그는 흔히 말하는 '무자본, 무점포'로 가능한 일이다. 내 몸만 있으면 어느 곳에서든 가능하다. 글을 쓰는 시간을 만들면 된다. 처음부터 특정 주제로 글을 쓰는 것이 너무 어렵고 힘들면 부담 없이 일상적인 소소한 이야기를 써라.

현대는 멀티미디어 시대라고 한다. 개인이 직접 동영상을 찍어 유튜브 같은 곳에 올리는 시대다. 이런 시대에 글쓰기가 과연 무슨 필요가 있을까 하고 생각하는 사람도 있을 것이다. 하지만 역설적으로 과거보다 글쓰기가 더욱 중요한 시대가 되었다. 취업하는 데도 천편일률적인 자기소개서보다 남들과 다른 자기소개서를 쓰는 지원자가 유리하다. 다양한 경험도 중요하지만, 소박한 경험이라도 얼마나 맛깔스럽게 쓰느냐가 더 중요하다.

사회가 발달하면서 눈이 휘둥그레질 만큼 각양각색 돋보이는 아이디어들로 자신만의 매력을 뽐내는 이들이 많아졌다. 여기에 주눅 들지 말고 글로 나를 표현해보라. 글만큼 개인의 변별성을 어필할 확실한 방법은 없다. SNS가 등장해 수많은 사람이 예전보다 더 많은 공개 글을 쓴다. 짧든 길든, 좋은 글은 사람들이 서로 스크랩하고 공유한다. 예상하지도 못한 사람들이 SNS 스타가 되기도 한다. 딱히 대단한 스펙이나 능력이 있어서가 아니라, 오로지 글로써 화제가 되고 스타가 된다.

당신도 그런 글을 쓸 수 있다. 다른 영역과 달리 글쓰기는 참으로 정직하다. 노력한 만큼 좋은 글이 나온다. 천재가 득실대는 다른 영역과 달리, 글쓰기 영역은 누구나 똑같은 베이스에서 시작한다. 타고난 천재가 없는 유일한 분야가 글쓰기다. 쓰고, 또 쓰고, 다시 한번 또 쓰는 것. 이것이 좋은 글을 쓰는 단 한 가지 방법이다. 신기하게도 편안한 마음으로 쓰면 편안한 글이 나오고 어렵게 쓰면 어려운 글이 나온다. 공을 들이고 심혈을 기울이면 그만큼 좋은 글이 나온다.

이 책을 읽고 나면 당신도 글을 쓰라. 당신도 할 수 있다. 다시 한번 말하지만 글은 누구나 쓸 수 있다. 더구나 글은 잘 썼다, 못 썼다 하는 기준도 애매하다. 자신의 생각을 가장 잘 표현하는 사람이 가장 좋은 글을 쓰는 사람이다. 글쓰기가 아무리 어렵고 힘들어도 자리에 앉아 무엇이라도 쓰는 노력을 하며 글쓰기 근력을 키우면, 어느 순간

별로 힘들이지 않고 글을 쓰고 있는 자신을 발견하게 된다.

지금까지 내가 글을 쓰게 된 배경과 파워블로거로 발전한 과정을 알려주었다. 블로그 글쓰기뿐만 아니라 일반적인 글쓰기에 대해서도 다양한 예를 들어 이야기했다. 수없이 많은 사람이 글쓰기에 대해 좋은 이야기를 들려주었다. 그런 작가들의 이야기를 읽고 여러분도 글을 쓸 힘과 용기를 얻기 바란다.

이 책을 통해 미처 다 말하지 못한 이야기는 내가 운영하는 블로그와 카페에서 지속적으로 공개할 것이다. 앞으로도 계속 여러분과 만날 것을 약속한다.

다른 영역과 달리 글쓰기 영역은 누구나 똑같은 베이스에서 시작한다.
타고난 천재가 없는 유일한 분야가 글쓰기다. 쓰고, 또 쓰고,
다시 한 번 또 쓰는 것. 이것이 좋은 글을 쓰는 단 한 가지 방법이다.
이 책을 읽고 나면 당신도 글을 쓰라. 당신도 할 수 있다.

매일 아침이든, 오후든, 글을 쓰고 싶을 때마다 가까이 다가가 책상 밑에 있는 그 늙은 곰을 사냥해야 한다.

로버트 렉키(Robert Leckie, 미국 군역사학자·저술가)

무언가를 쓸 때 가장 감동적인 순간은 자신이 방금 만든 놀라운 전대미문의 사건이, 삶이라는 놀라운 전대미문의 사건의 일부라는 사실을 깨달을 때다.

로저 로젠블랫(Roger Rosenblatt, 미국 저술가·대학교수)

글쓰기는 나를 걸레처럼 비틀어 짠다. 나는 손으로 직접 글을 쓰는데, 가끔 오후에 공책을 덮고 나면 마치 국토를 횡단한 트럭 운전사처럼 서재 바닥에 뻗어버린다.

메리 카(Mary Karr, 미국 시인)

내겐 이상적인 상황이다. 나는 농사와 관계된 육체노동, 즉 건초 베는 일이나 마구간 청소하는 일, 헛간을 짓는 일 따위를 좋아한다. 가서 그런 일을 한 다음 다시 와서 글을 써보라.

샘 셰퍼드(Sam Shepard, 미국 배우·극작가)

글쓰기는 목적지에 대한 것이 아니다. 글쓰기는 영혼을 바꾸고, 다른 모든 것에 의미를 부여하는 여행이다.

수 그래프턴(Sue Taylor Grafton, 미국 소설가·드라마 작가)

오전 내내 편집 작업을 하면서 나는 내 시 가운데 쉼표 하나를 삭제했다. 그날 오후에 나는 그 쉼표를 다시 집어넣었다.

오스카 와일드(Oscar Wilde, 아일랜드 시인·소설가)

작가라면 그 누구든 결국 빈 공책이나 모니터 화면을 바라보아야 한다. 문장을 떠올리기 위해서라면 방망이로 자기 머리라도 내려쳐야 한다.

오클리 홀(Oakley Hall, 미국 소설가)

MBA 학생들이 배워야 할 단 한 가지는 의사소통의 기술이며, 그것은 글쓰기다.

워런 버핏(Warren Buffett, 미국 사업가·투자가)

명료하게 사고할 수 있는지 알아보는 한 가지 방법은 그가 명료한 글을 쓸 수 있는지 확인하는 것이다.

윌리엄 올리버(William Oliver, 미국 AT&T사 홍보부 부사장)

파워블로거 핑크팬더의 블로그 글쓰기

명확한 사고에서 명확한 글이 나오는 게 아니라 글을 쓰다 보면 표현된 문자들이 지속적으로 글을 쓰는 사람의 생각에 침투해 문자가 오히려 명확한 생각을 유도한다.

조지프 윌리엄스(Joseph Williams, 미국 저술가·대학교수)

글 쓰는 것을 직업으로 하는 사람으로 내 글쓰기의 비법은 '다상량'이에요. 나는 후배들에게 많이 쓰라는 말을 안 해요. 많이 쓰기보다는 많이 생각해야 해요. 나는 다른 작가들과 비교해서 상대적으로 '다작'을 하지 않은 사람이에요. 방송 작가가 되기 전까지는 글을 써본 적이 없거든요. 일기를 써본 적도 없어요.

김영현(드라마 작가, 《명사들의 문장강화》 중에서)

좋은 글을 쓰는 분들을 보면 경험도 다양하고 포용 능력도 있어요. 받아들인 것을 자신의 내면에서 깊은 사고를 통해 잘 숙성시키죠. 그런데 받아들이기만 하고 숙성시키지 않으면 응용력만 높아져요. 테크닉만 느는 거죠. 글을 쓰려면 자기 숙성의 과정이 반드시 필요합니다.

김홍신(소설가, 《명사들의 문장강화》 중에서)

너무 감상적인 글이 될까 봐 걱정된다면, 부디 최대한 감상적인 글을 써 보거나 감상적인 기분을 느껴보라! 그러고 나면 그것을 극복하고 다른 쪽으로 나아갈 수 있을 것이다.

브렌다 유랜드(Brenda Ueland, 미국 저술가)

나는 내 과거와 가족에 대한 추억, 현재의 삶 등 여러 가지 것들을 생각한다. 나는 그런 기억에 빠져 거기에서 글을 끌어낸다.

시바타 도요(柴田トヨ, 일본 수필가)

시골에 있는 나의 집은 늘 사람들이 북적거린다. 그들은 나를 가만 내버려두지 않는다. 그들만 없다면 나는 훌륭한 작가가 될 수 있을 것이다.

안톤 체호프(Anton Pavlovich Chekhov, 러시아 소설가)

글쓰기는 한 줄의 단어를 펼쳐놓은 것으로 시작된다.

애니 딜러드(Annie Dillard, 미국 소설가)

나는 걸작을 한 쪽씩 쓸 때마다 쓰레기 91쪽을 양산한다. 이런 쓰레기는 휴지통에 넣으려고 애쓴다.

어니스트 헤밍웨이(Ernest Miller Hemingway, 미국 소설가)

나는 별로 좋은 작가가 아니다. 다만 남보다 자주 고쳐 쓸 뿐이다.

제임스 미치너(James Albert Michener, 미국 소설가)

글을 쓰는 것은 (……) 말할 수 없이 이상한 일이다. 모르는 사람에게 은밀한 편지를 쓰는 셈이다.

피코 아이어(Pico Iyer, 미국 여행작가·소설가)

- 당신이 쓰는 모든 문장이 사건이 되게 하라.
- 우리에겐 수백만 개의 핑계가 있다. 그러나 글쓰기 세계와 핑계는 아무 런 관련이 없다.

존 듀프레인(John Dufresne, 미국 저술가)

대부분의 작가들, 아니 어쩌면 모든 작가들이 그러하듯 나는 직접 글을 써보고 다른 책들을 본보기로 삼으며 글 쓰는 법을 배웠다.

프랜신 프로즈(Francine Prose, 미국 소설가)

쓰기란 마음의 생각을 내 눈을 통해 소통하는 예술이며, 위대한 발명품 이다.

프레드 캐플런(Fred Kaplan, 미국 전기작가·대학교수)

글을 쓸 계획을 세우지 마라. 그냥 써라. 독창적인 문체는 오로지 글을 쓸 때만 가능하다.

필리스 도러시 제임스(Phyllis Dorothy James, 영국 소설가)

작가에게 일어나는 일은 행복한 일이든 불행한 일이든 어느 것 하나 쓸 모없는 것이 없다.

필리스 도러시 제임스(Phyllis Dorothy James, 영국 소설가)

블로그에 글을 본격적으로 올린 지 어느덧 10년이 넘었다.
그저 책 읽고 리뷰를 올리자는 생각으로 블로그를
시작했다. 처음에는 서평만 올리다가 시간이 지나면서
영화와 드라마 리뷰도 썼다. 좀 더 시간이 지나 내가 하고
있는 일과 관련된 글도 썼고, 에세이라 하여 매일같이
소소한 글이라도 빠짐없이 올리고 있다. 블로그는 내
삶의 일부가 아닌 전부라고 할 정도가 되었다.

이제는 당신 차례다!

내가 운영하는 '천천히 꾸준히'를 통해 나를 알게 된 사람이 거의 대다수다. 그들에게 물어보면 내가 쓴 책, 영화, 드라마 리뷰를 읽고 마음에 들어 이웃신청을 한 후에 꾸준히 블로그를 봤다고 한다.

처음에는 누가 내 블로그를 볼 것이라 생각도 못 하고 글을 올렸다. 내 글을 읽고 누군가 달아준 댓글이 신기했다. 일주일도 아니고 하루 조회수가 10도 안 되었다. 처음부터 그런 걸 신경 쓴 적이 없지만 점차적으로 내 블로그에 오는 사람이 많아지면서 하루에 100을 넘어 1,000명이 되었다. 지금은 하루 평균 5,000명 정도 보는 블로그로 성장했다. 이 글을 쓰는 지금 그 숫자는 점점 더 늘어나고 있다.

내 블로그 내용을 보면 딱히 트렌드한 것도 없다. 인기 연예인이나 스포츠는 물론이고 실시간 검색 같은 핫한 글을 올린 적도 없다. 그저 남들과 상관없이 내가 쓰고 싶은 글을 꾸준히 올렸을 뿐이다. 인기 여부를 따지지 않고 언제나 블로그에 글을 썼다.

그 덕분에 지금의 내가 있다. 뜻하지 않게 블로그에 올린 글 덕분에 인생이 변했다고 해도 과언이 아니다. 지금과 같은 삶을 살게 될 것이라고는 추호도 생각해본 적이 없다. 나라는 사람이 많이 알려진 이유도 블로그에 글을 쓴 덕분이다. 나만 그런 것은 아니다. 블로그에 꾸준히 글을 써서 인지도를 올리고 새로운 삶을 살게 된 사람을 나는 많이 알고 있다. 그중에는 내 블로그를 보고 실천했다고 말하는 사람들이 많다.

나는 농담처럼 나를 '블로그 시조새'라고 한다. 워낙 남들이 잘 안하던 예전부터 블로그를 하며 뜻하지 않게 나를 알리게 되었다. 점차적으로 내가 성장하고 인지도가 올라가는 걸 보면서 그들도 블로그를 했다. 내가 블로그에 처음 시작하고 시도한 것들이 많다. 많은 사람들이 이를 괜찮다고 생각하며 따라 했다. "핑크팬더님이 한 이후에 다른 블로거가 따라 하는 걸 많이 봤어요."라고들 한다. 어쩌다 보니 남들에게 본이 되는 블로그, 따라 하고 싶은 블로그가 되었다.

그 모든 것의 중심에는 블로그 글쓰기가 있다. 많은 사람이 호기롭게 블로그를 시작하지만 꾸준히 하는 사람은 극히 드물다. 곳곳에서 블로그로 수익을 내는 방법을 알려주는 이들이 있다. 로직을 알려주고 어떤 식으로 포스팅해야 수익성 블로그를 만들 수 있는지 알려주는 이들도 있다. 아이러니하게도 그런 강의를 하는 사람이 나보다 블로그 이웃도, 하루 조회 수도 훨씬 적다. 나보다 블로그를 운영한 기간은 더 짧다.

파워블로거 핑크팬더의 블로그 글쓰기

블로그를 운영하는 목적은 분명히 다양할 듯하다. 나는 어디까지나 내 성장을 위해 시작했다. 누구를 의식하기보다는 '나'라는 사람에 좀 더 초점을 맞춰 블로그를 운영했다. 어떻게든 사람들이 내 블로그에 올 수 있도록 로직 따위에 신경 쓰기보다는 좋은 글을 쓰도록 노력했다.

수많은 사람이 블로그를 시작하지만 오래도록 유지하지 못하는 가장 큰 이유는 블로그 정체성에 대한 고민을 별로 하지 않기 때문이다. 블로그 정체성을 위해 가장 중요한 것은 누가 뭐래도 글이다. 좋은 글을 쓰기 위해 노력하는 것만큼 확실한 길은 없다. 아마도 이 책을 통해 좋은 글이 무엇인지, 좋은 글을 쓰려면 어떻게 해야 하는지 배웠을 것이다.

이제 남은 것은 당신이 직접 실천하는 것이다. 다른 분야와 달리 글쓰기는 실천하기가 비교적 쉽다. 이 책을 다 읽었다면, 읽은 것에 그치지 말고 당장 오늘부터 블로그에 글을 쓰길 바란다. 매일은 힘들지라도 일주일에 3~4번이라도 꾸준히 쓴다면 1년 후에 달라진 자신을 분명히 발견할 것이다. 책에서 알려준 대로 부담 가지지 말고 자신의 이야기를 누구도 아닌 스스로 쓰면 된다. 나도 한 것을 당신이 못할 리 없다.

이름도 없고, 좋은 스펙도 없던 나는 오로지 블로그에 꾸준히 글을 쓴 덕분에 여기까지 올 수 있었다. 블로그 덕분에 이름을 알렸고, 파워블로거가 내 스펙이 되었다. 그 모든 것의 출발점은 글이다. 글만 써도 가능했다.

이제는 당신 차례다. 이 책을 읽고 실천한 당신은 분명히 머지않아 변한 자기 자신에 놀라고, 주변 사람들이 자신을 바라보는 시선에 다시 한번 더 놀랄 것이다. "당신이 할 수 있거나 할 수 있다고 꿈꾸는 그 모든 일을 시작하라. 새로운 일을 시작하는 용기 속에 당신의 천재성과 능력, 그리고 기적이 모두 숨어 있다."라는 괴테의 말처럼.

이제는 당신 차례다!

파워블로거 핑크팬더의 블로그 글쓰기

Reference literature

참고문헌

《고객을 유혹하는 마케팅 글쓰기》, 송숙희, 대림북스

《고래》, 천명관, 문학동네

《고종석의 문장》, 고종석, 알마

《과학자의 서재》, 최재천, 명진출판

《글 잘 쓰는 기술》, 바바라 애버크롬비, 브리즈

《글쓰기 노트》, 윤태영, 책담

《글쓰기 클리닉》, 임승수, 비즈니스북스

《글쓰기는 스타일이다》, 장석주, 중앙북스

《글쓰기의 모든 것》, 송숙희, 인더북스

《나는 쓰는 대로 이루어진다》, 한명석, 고즈원

《나는 왜 쓰는가》, 조지 오웰, 한겨레출판

《내 책 쓰는 글쓰기》, 명로진, 바다출판사

《눈물도 빛을 만나면 반짝인다》, 은수연, 이매진

《대통령의 글쓰기》, 강원국, 메디치미디어

《명사들의 문장강화》, 한정원, 나무의 철학

《뮤즈를 기다리지 말자》, 로버트 마셀로, 천년의시작

《반 고흐, 영혼의 편지》, 반 고흐, 예담

《뼛속까지 내려가서 써라》, 나탈리 골드버그, 한문화

《삶은 어떻게 책이 되는가》, 임승수, 한빛비즈

《서울대 인문학 글쓰기 강의》, 이상원, 황소자리

파워블로거 핑크팬더의 블로그 글쓰기

《소액 부동산 경매 따라잡기》, 이재범, 물병자리

《안네의 일기》, 안네 프랑크, 문학사상사

《안정효의 글쓰기 만보》, 안정효, 모멘토

《유혹하는 글쓰기》, 스티븐 킹, 김영사

《이오덕 일기》, 이오덕, 양철북

《인생을 글로 치유하는 법》, 바바라 애버크롬비, 책읽는수요일

《인생을 바꾸는 기적의 글쓰기》, 김병완, 북씽크

《읽고 생각하고 쓰다》, 송숙희, 교보문고

《죽은 왕녀를 위한 파반느》, 박민규, 예담

《책으로 변한 내 인생》, 이재범, 평단

《천년습작》, 김탁환, 살림

《첫 문장의 두려움을 없애라》, 김민영, 청림출판

《최고의 글쓰기 연습법, 베껴쓰기》, 송숙희, 대림북스

《탁월한 아이디어는 어디서 오는가》, 스티븐 존스, 한국경제신문사

《한국의 글쟁이들》, 구본준, 한겨레출판

《헤밍웨이의 글쓰기》, 어니스트 헤밍웨이, 스마트비즈니스

《혼자 책 읽는 시간》, 니나 상코비치, 웅진지식하우스

《회장님의 글쓰기》, 강원국, 메디치미디어

《후천적 부자》, 이재범, 행간

《힘 있는 글쓰기》, 피터 엘보, 토트

막막한 당신에게 힘이 되는 글쓰기 안내서
파워블로거 핑크팬더의 블로그 글쓰기

지은이 | 이재범
발행처 | 도서출판 평단
발행인 | 최석두

등록번호 | 제2015-00132호
등록연월일 | 1988년 07월 06일

초판 1쇄 발행 | 2021년 03월 05일
초판 6쇄 발행 | 2024년 01월 15일

우편번호 | 10594
주소 | 경기도 고양시 덕양구 통일로 140(동산동 376)
        삼송테크노밸리 A동 351호
전화번호 | (02) 325-8144(代)
팩스번호 | (02) 325-8143
이메일 | pyongdan@daum.net

ISBN | 978-89-7343-529-6 13190